信仰无敌

杨匏安

本书编写组◎编写

中国方正出版社

本书编委会

主　编： 王守宪

副主编： 陈芳国　曹　波

委　员： （按姓氏笔画排序）

万　玲　门晓琴　王　谦　王守宪

甘超逊　杨　峻　杨　岗　陈芳国

陈　劲　陈　炽　张翼鸥　张晓平

吴　虹　吴　婕　汪梅梅　赵晓琳

徐　丝　涂家英　曹　波　黄永康

梅利华　戴俊平　崔媛媛

编者的话

慷慨登车去，相期一节全。

残生无可恋，大敌正当前。

知止穷张俭，迟行笑褚渊。

从兹分手别，相视莫潸然。

这是杨匏安 1931 年 8 月牺牲之前在上海龙华监狱写给难友的绝笔诗。今天读来，烈士的慷慨激昂之情依旧跃然纸上，令人热泪盈眶。

作为华南地区最早传播马克思主义的先驱、中共早期理论家之一、首届中共中央监察委员会副主席，杨匏安在中共党史上具有重要的地位。本书依据翔实的档案文献史料，充分吸收这些年来专家学者相关研究的成果，主要从四个方面展现杨匏安短暂而不平凡的一生。

揭示在纷繁复杂的时代背景下，杨匏安如何选择马克思主义，成为一名坚定的无产阶级革命者。晚清以来，救亡图存一直是一代代爱国人士的强烈愿望，尤其是新文化运动后，西方多种学说思潮涌入中国。生长在南海之滨的杨匏安是如何较早地接受和宣传马克思主义的，是本书关注的一大重点。作为我国宣传马克思主义的重要先驱之一，1919 年 7 月 12 日至 12 月 15 日，杨匏安在《广东中华新报》的《世界学说》栏目发表了 41 篇文章，共 4 万余字，系统介绍了世界各种名目的哲学宗教及社会学术流派，其中篇幅最长、连载 19 日〈次〉的《马克思主义(一称科学的社会主义)》一文，是华南地区最早系统介绍和宣传马克思主义的文章。杨匏安的《马克思主义（一称科学的社会主义)》与李大钊的《我的马克思主义观》遥相呼应，同为在中国最早、比较系统介绍马克思主义学说的重要著述。1930 年 6 月，杨匏安担任中共中央农民部副部长时，又将署名拉比杜斯的《地租论》编译出版，同时系统介绍了列宁关于西方国家地租的理论与社会主义苏联的土地政策，深刻剖析了封建势力和资产阶级以地租剥削农民的实质，成为中国共产党开展轰轰烈烈土地革命的重要理论依据之一。本书从历史的内在逻辑联系出发，通过展现杨匏安的成长经历和留存的大量作品，分析其思想转变过程，对其成长为坚定的马克思主义者的非凡历程作了较为深入的探寻。

凸显杨匏安的主要革命经历，展现他在中国共产党的领导下为国共合作的建立以及推动国民党改组而作出的辛勤努力与突出贡献。1924年1月，国民党召开第一次全国代表大会，第一次国共合作正式形成。受中共党组织指示，杨匏安以个人身份加入国民党，国民党一大后担任国民党中央组织部秘书，并一度代理组织部部长，积极投身国民党的改组工作，并担任中共驻国民党中央党部党团副书记。大革命时期，杨匏安不仅是省港大罢工中共党团成员，参与领导罢工，还以国民政府财政部部长廖仲恺代表的身份亲赴香港做工会领导人的发动工作。他亲自筹建了国民党广东省党部，并担任国民党广东省执委会常委兼组织部部长。1926年1月，杨匏安在国民党二大上当选为中央执行委员会委员、中央常委、中央党部秘书处秘书，负责处理国民党中央日常事务。本书较为详细地记述了杨匏安这段重要的革命经历及其对第一次国共合作的突出贡献。

再现杨匏安在早期纪检监察战线的历史贡献，彰显其中共纪检监察工作开创者和先驱的历史地位。杨匏安的革命生涯虽然短暂，但其参与领导及从事的工作涉及许多领域，其中，尤为重要的是党的纪检监察战线。早在1925、

1926年，杨匏安就在中国共产党第一个地方纪律检查机构——中共广东区委监察委员会担任委员、副书记。1927年在武汉期间，杨匏安出席中共五大，当选为首届中共中央监察委员会委员、副主席，并以中央监察委员身份参加党的八七会议。中共五大首次通过选举方式产生了党的第一个中央纪律检查监督机构——中央监察委员会，成为开启中国共产党有专门组织、有党规可依、有制度设计、开展监督执纪工作的光辉起点。可以说，杨匏安是党的纪检监察工作的开创者和先驱。出任首届中央监察委员会副主席并为党的纪检监察工作尽心竭力，是杨匏安革命生涯中的重要亮点。

展现杨匏安短暂而光辉的革命生涯中信仰坚定、公忠不忘、至死不渝的革命气节和大无畏精神。无论是在大革命时期，他担任国民党中组部代理部长、中央执行委员会常委、中央党部秘书处秘书等职，还是大革命失败后在中央党内受到“莫须有”的处分，杨匏安都始终一心为公，与党同心同德、无怨无悔。在因叛徒出卖而被捕面临生死考验之时，他更是坚守信仰、铁骨铮铮，始终保持共产党人的初心和本色。周恩来曾多次赞扬杨匏安“为官清廉，家境贫寒”，是中国共产党人的楷模。杨匏安的革命生涯，也是无数共产党人为理想信念矢志不渝、公忠不忘、努力奋斗的缩影。

习近平总书记多次强调，“要把红色资源利用好、把红色传统发扬好、把红色基因传承好”。近年来，我们对中国共产党的监督执纪历史，对以王荷波、杨匏安为代表的首届中共中央监察委员会历史作了较为深入地挖掘和宣传。我们希望本书的出版发行，能够持之以恒推进党史学习、教育、宣传，引导广大党员干部坚定历史自信，让初心使命在内心深处真正扎根，把对党和人民的忠诚落到行动上，继承弘扬党的光荣传统和优良作风，在新的赶考之路上向历史和人民交出新的优异答卷。

由于时间较紧，加之水平有限，本书的编写难免存在一些不足，恳请各位专家和读者指正。

目　录

第一章

生于破落之家
背负磨难前行

第一节　生逢乱世　慈母启蒙

1896年11月6日，广东省香山县恭都镇下恭都北山村一个姓杨的破落茶商家里，传出一阵婴儿的啼哭，茶商杨富祥的妻子陈智生下了一个男孩。这个男孩便是日后成为华南地区传播马克思主义的先驱、中国共产党首届中央监察委员会副主席的杨匏安。

杨匏安出生时取名杨麟涛，虽生于破落的茶商之家，但却是名门之后。杨麟涛的曾祖父杨祖昌，是香山县有名的巨商，主要经营茶叶、布匹、丝绸与瓷器的出口贸易，生意扩展到东洋日本、南洋群岛诸国、锡兰（今斯里兰卡）、印度和拉丁美洲一带。

杨麟涛的祖父杨训常，从小跟着父亲祖昌去南洋甚至拉丁美洲做生意，主要做茶叶与布匹生意，也曾赚过大钱。鸦片战争之后，西方列强用坚船利炮打开了中国的大门，迫使清朝统治者签订了许多不平等条约，割地赔款，从而为列强对中国进行大规模的商品倾销，提供了极其有利的条件。列强在中国的洋行发展极为迅速，这对中国国内民族工商业的发展十分不利。杨家的国内生意越来越不好做，出口生意也被逐步挤占。

杨匏安的出生地——北山村旧照

杨麟涛的父亲杨富祥是杨训常的长子。杨训常健在时，杨家生意已开始走下坡路，一天不如一天，但毕竟还有原先的一些老客户，尚能勉强维持。杨训常病故后，家族生意交给其子杨富祥打理，并由其弟杨训秩协助经营。这对杨富祥来说压力极大，因他本来就不喜欢做生意，为人不善交际，平时爱读点书，与人交往时讷讷寡言。富祥的叔叔训秩似也不太懂得经营之道。坚持了十几年，不仅没发财，连老本都赔光了，还欠了不少债务，叔侄俩只好把茶行关闭。杨富祥因账务上的原因，留在福州玉记茶庄帮助做账，同时处理一些自己原先生意上未了的财务问题，不能在家乡照料妻儿老小，只能过年时返乡与家人团聚，常年郁郁寡欢。加上妻子陈智接连生了九个孩子，除了杨麟涛这个儿子存活，其余都过早夭折。杨富祥内心十分痛苦，满肚子的委屈与不甘，唯寄希望于爱妻陈智抚养与教育小儿麟涛努力读书、尽快成长，有朝一日重振门风、光宗耀祖。

杨麟涛幼年时期，正是中日甲午战争之后的多事之秋。在这苦难的岁月，幼年的麟涛很少见到父亲，只能依偎在母亲陈智身边，另有二妈关秀英的悉心照料，才得以健康成长。

杨麟涛的母亲陈智（1870—1941），广东香山三乡古鹤村人，出生于华侨官宦之家，其父陈世棠是香山著名的侨商、官绅。陈智聪明过人，年幼随兄长在家读私塾，受过中华传统文化教育，读过不少史书，熟知《诗经》与唐宋诗词，还从小练就双手并用写字的本领，并精通针黹女红，是三乡古鹤一带有名的才女。她不仅知书识礼、通达事理，而且秉性刚直、敢作敢为。在杨家尚保持表面风光、家境尚可时，陈智由其姑介绍、其父母做主嫁到北山给杨富祥为妻。不料过门之后，杨家的风光未能维持几年就日渐衰败，杨富祥滞留在福州玉记茶庄为老板管账，不能在香山老家照顾家庭及妻儿。丈夫长期在外，她生下的九个孩子有八个先后夭折。陈智本性刚强，不甘示弱。尽管全家的生活重担均压在自己肩上，但她从不愿接受族里或邻里的施舍，也不愿回娘家要米要粮被娘家人看不起。当时，家中除她与小麟涛外，还有一个“二妈”（即随嫁丫鬟）关秀英和丧母的堂侄杨应广。家中尚有几亩薄田，出租可以收点租金，勉强维持一家人的低水平生活。陈智与关秀英还做点针线活卖钱，贴补家用。

由于陈智有中华传统文化的功底，又熟读四书五经，在杨麟涛幼年时，她就一直用讲故事和读诗词来教孩子。晚上睡觉时，也靠讲故事与朗诵诗词来给孩子“催眠”。这让杨麟涛从小就打下了中华传统文化的基础，一些经典古诗词他不仅熟读能诵，而且终生不忘。这不仅提高了杨麟涛的中华传统文化修养，使之能写出漂亮的诗词与文章，也对杨麟涛的胸襟、眼界和道德情操的培育起到了潜移默化的作用。他在日后写的《诗选自序》中就这样写道：“窃念幼时颇有诗癖”“不佞少而颓唐，学殖荒落，乃谬以诗古文辞见称朋旧。”

在母亲的循循善诱下，作为杨氏宗族后人的小麟涛还渐渐萌生了家国意识和情怀。

香山曾是南宋末年的古战场，从南屏北山村往东走，渡过前山水道大约十余里路，就可看到碧波荡漾的大海，那就是零丁洋。抗元英雄文天祥兵败被俘，被押送京都，路经香山附近海面零丁洋时，写下脍炙人口的《过零丁洋》一诗：“辛苦遭逢起一经，干戈寥落四周星。山河破碎风飘絮，身世浮沉雨打萍。惶恐滩头说惶恐，零丁洋里叹零丁。人生自古谁无死，留取丹心照汗青。”这首千古绝唱是陈智在杨麟涛幼年时最早教他背诵的诗，在小麟涛脑海里刻下了深深的烙印。

从南屏北山村往西走，不远便可到新会县，香山与新会两县之间有个崖门。在崖门曾经发生过中国古代历史上一场规模宏大的海战：南宋末年，南宋小朝廷的官员与最后一支大军就是在崖门海战中，被追赶的元军全数歼灭，忠臣陆秀夫最后背负幼帝跳海殉国，当时海上浮尸数万，堪称史上罕见的悲壮场面。元朝姚燧为此写下了《陆秀夫抱王入海图》一诗，赞颂陆秀夫“丹心犹数中兴年”“流芳千古更无前”。当年，南宋残部官兵就有相当一批流落在广东香山、新会一带，隐姓埋名、成家立业，生儿育女，繁衍后代。因此，崖门海战中悲壮的故事，也不断被人们口口相传，流传下来。小麟涛从小就知道这些地方掌故。陆秀夫等官兵精忠卫国的义举和一个朝代灭亡的悲剧，似乎十分遥远，却又仿佛近在眼前。

清末义士谭嗣同的英雄事迹，更是深深打动着小麟涛的心。谭嗣同是官宦人家出身，积极投身变法，在变法失败时，本来完全可以如康有为、梁启超那样逃亡日本，但他毅然选择不走，留在家中等待抓捕他的官兵，决心以自己的牺牲来唤起民众。他对劝他逃亡的友人说：“各国变法，无不从流血开始。今中国未闻有因变法而流血者，此国之所以不昌也。有之，请自嗣同始！”他就义牺牲前，在狱室墙壁上题写了绝笔诗：“望门投止思张俭，忍死须臾待杜根。我自横刀向天笑，去留肝胆两昆仑。”表达了诗人视死如归的凛然浩气。他在就义前还写过一首绝命诗：“有心杀贼，无力回天。死得其所，快哉快哉！”就义之日，观者万人，他慷慨激昂神气不变，从容就戮。陈智讲述谭嗣同的事迹及他的诗词，对杨麟涛的影响十分深远。

第二节　广雅学子　诗书情结

杨麟涛自小就聪慧好学，幼年时接受慈母陈智教诲，学会了识字与背诵诗词，七岁时被送到村东杨氏大宗祠家塾读书，很快就通读了《幼学琼林》《千字文》《百家姓》等启蒙课本，成绩优异并开始学习写诗。

杨麟涛祖宅院内有一口甜水井，附近邻里村民都乐于去那里挑水饮用。一天他放学回家，在井台上拾到一条金项链。他马上找到母亲陈智，在陈智的帮助下，找到了丢失金项链的堂伯母，使失物归还原主，小麟涛感到特别高兴。

从 1901 年起，清政府开始实行“新政”，顺应民意举办新式中小学。离北山村数里远的前山寨于 1903 年办起了恭都公立小学堂。它的前身是凤山书院。该书院建于清乾隆二十二年（1757），因建于前山凤凰山下而得名，也是香山县历史最悠久的书院之一。

1913 年，恭都公立小学堂更名为下恭镇两等小学堂。1915 年更名为香山县第一高等小学校，但乡间仍习惯称其为“凤山学堂”。

1906 年，杨麟涛与大他两岁的堂叔杨章甫被送到恭都公立小学堂读书，接受新式教育。

杨麟涛在恭都公立小学读了五年书，始终勤奋读书，所有功课的成绩均列前茅，而诗文则更显露其出众的才华。高小第二年，他就因各科成绩优异而获得每月数元的“膏火”奖励。

1907 年，著名的女革命家秋瑾因策划反清武装起义失败而惨遭杀害。这年杨麟涛年仅 11 岁，但已有自己的看法。他对社会现实，尤其官吏的腐败，很是不满；对秋瑾这样甘愿为推翻清朝政权抛头颅、洒热血的英雄豪杰十分钦佩。他把秋瑾生前写的《对酒》诗记在本子上，反复吟诵，勉励自己：“不惜千金买宝刀，貂裘换酒也堪豪。一腔热血勤珍重，洒去犹能化碧涛。”

1908 年，葡澳当局派出军舰与船只在前山河进行浚河工程，又在拱北附近扩张地界，激起香山民众的愤怒与反抗，纷纷敦促官府制止。葡澳当局慑于民愤，一面同意与清政府进行划界谈判，一面则扬言前山、南屏、湾仔三个乡应立即改为葡澳属地，并将谈判地点设在英人控制下的香港。消息传回广东，全省震惊。杨麟涛的堂祖父、时任广东省谘议局议员的杨应麟当即返回香山，在北山村杨氏大宗祠邀集香山绅商学界人士 300 余人，组成了“香山县勘界维持会”，通过了“绝不容忍葡人占领澳门以外一寸土地”为主要内容的会章，选举杨应麟任会长，并以维持会名义先后给两广总督张鸣岐、划界中方代表高而谦以及在北京任要职的香山人氏唐绍仪等人去函去电，要求政府与全国各界人士支持香山县的划界斗争。广东、香港先后成立勘界维持总会与分会，各地商民与国外华侨纷纷来电表示支持，并寄来大批捐款。清廷屈服于葡人压力，称维持会“造言生事，扰乱治安”。但杨应麟毫不退让，主持维持会通过决议，恳请政府加派水陆军队控制澳门，“制其死命”；同时自办武装，筹组九十八乡民团，直接对澳葡当局进行斗争。广东政府也终于采取强硬措施，将谈判地点改在广州举行。最终葡澳当局不得不终止前山浚河工程，收敛了其扩占中国领土的野心。麟涛作为高年级小学生积极参与了这场反葡扩界的斗争，不仅与同学们一起写标语、传单，举小旗列队参加前山地区民众示威游行，而且还写了一些赞颂民众保乡卫国的诗文，受到老师与同学的表扬。杨应麟在这场斗争中的爱国形象也牢牢地刻在少年时期的杨麟涛脑海之中。

1910 年，杨麟涛与堂叔杨章甫完成了在恭都小学堂的学业，接着一起考取了在广州的广东高等学堂附中。当时陈智为让杨麟涛能去广州上中学，只能将家中仅有的三亩出租田卖掉。麟涛闻之，心也碎了，暗自下定决心，去广州后一定要学到知识、掌握本领报答父母。这时老父杨富祥已心力交瘁、病入膏肓，但他还是要麟涛去广州上学，不要挂记家中。

广东高等学堂附中原为广雅书院，是清代广东的著名学府，创建于 1888 年。当时洋务派首领张之洞任两广总督，在广州西村购地 124 亩建书院，取“广者大也，雅者正也”的含义而定名“广雅”，旨在培养学识渊博、品行雅正之人才。麟涛在广东高等学堂附中、省立一中就读时期，首先接受的就是“修身、齐家、治国、平天下”“先天下之忧而忧，后天下之乐而乐”“以天下为己任”这类中华传统文化伦理道德的熏陶。

在广州求学期间，杨麟涛得益于吴道容、黄节、徐信符、谢祖贤等名士的教诲，刻苦攻读，进步很快，尤其在国学与诗词鉴赏、写作上可以说突飞猛进。诗人黄节，早于 1902 年就在上海参与创刊《政艺通报》，宣传革命；随后又参与创办国学保存会、国粹学社及《国粹学报》，响应孙中山的号召，发扬民意，伸张民权。1907 年，他又赞助于右任等创办《神州日报》，次年参与组织南社，以诗文鼓吹革命。他治学严谨，与梁鼎芬、罗瘿东、曾习经号称“岭南近代四大家”。他除了担任校长外，还兼讲授文史

广东广雅中学

课程，对杨麟涛影响很大。1911年秋，黄节、吴道容与广雅书院第一任山长梁鼎芬联合省内几位名家在广州抗风轩发起重开“后南国书社”，并展览广东八位名家和先贤书画，辑刻出版《后南国诗社摘句图》一册。此书是当时杨麟涛他们这些中学生私下爱读的杂书。杨麟涛也读过邹容的《革命军》、陈天华的《猛回头》《警世钟》等书籍，对邹容甘当“革命军中马前卒”的精神极为钦佩，对陈天华誓死报国之心尤为崇敬。

当时的广州正处于辛亥革命的前夜，发生过几次反清起义，虽然都失败了，但革命党人在孙中山、黄兴等领导下，屡败屡战。1911年春，同盟会领导人黄兴等又在广州策划反清起义，因机密外泄而被迫提前举行起义，致使寡不敌众、孤立无援，仅黄兴率领百余名革命志士拼死奋战，大部分壮烈牺牲。后广州民众主动出来收殓烈士遗骸，共72具，合葬于广州城郊黄花岗，这就是“黄花岗七十二烈士”的由来。革命先烈不畏强敌、前仆后继、甘洒热血、英勇献身的精神使刚入中学读书的麟涛终生难忘，始终鼓舞着他努力学习。

1911年夏，杨麟涛的父亲杨富祥终因久病无法医治而去世。因麟涛在广州上学，既无法联系、也因交通不便未能返家奔丧。这是麟涛心头之痛，他只能暗自下决心，要好好学习，成为有用的人来报答故世的父亲，报答家中的慈母与二妈。

当时香山籍人士中也有一批革命者开始从事无政府主义（其中也夹杂着一些空想社会主义的内容）的宣传活动。比较突出的是香山县石岐籍的刘师复及其亲戚郑彼岸、郑德刚兄弟。他们于 1912 年在广州建立了“晦鸣社”组织，翌年秋还发行了《晦鸣录》，公开宣传无政府主义，出了两期即被封禁。但这种思潮在省立一中学生中有一定影响，杨麟涛因乡谊及同学关系，而与刘师复等人有了一定的接触与联系。

因广州一直是对外通商的城市，省立一中对外语教学比较重视，因此杨麟涛的日语基础较好。这给他后来赴日游学带来了方便，也为他以后通过日文书刊接触、学习西方先进文化与马克思主义创造了有利条件。

1911 年 10 月 10 日，武昌首义爆发，起义的枪声点燃了辛亥革命的熊熊烈火。湖北军政府建立、湖南独立、陕西独立、江西独立、山西独立、云南独立、上海独立、江苏独立……12 月，长江流域及其以南各省全部光复。1912 年 1 月 1 日，以孙中山先生为临时大总统的中华民国临时政府在南京成立。同年 2 月 12 日，清廷宣布退位，至此，宣告统治中国的清王朝寿终正寝，结束了中国延续 2000

多年的封建帝制。辛亥革命带来了一股清风，再也没有皇帝了，人们头上的大辫子也剪掉了，杨麟涛这些中学生非常兴奋，感到国家与民族终于有了希望。

但不料国家大权很快就落到了袁世凯手里，袁世凯上台后完全实行军阀统治。孙中山于 1913 年发动了“二次革命”，捍卫辛亥革命的胜利成果，但不久又失败了。袁世凯的爪牙、云南军阀龙济光出任广东宣抚使，对广东实行残暴的专制统治。“济军”进驻香山，贩烟开赌，奸淫掳掠，无恶不作。封建复辟的恐怖气氛弥漫在广州及香山城乡，辛亥革命胜利的新气象已荡然无存。民族的多灾多难、国家的民不聊生，使杨麟涛的心中萌发了忧国忧民的强烈意识。

第三节　恭都任教　首遭冤狱

1914 年的春天，杨麟涛终于以优异成绩毕业于省立第一中学。他高高兴兴地回到了北山村自己的家，但家中已一贫如洗。麟涛第一次感到生活的困窘。母亲陈智想起前山恭常都小学校长刘希明与杨家有点远房亲戚的关系，当年在恭常都小学任教时还教过麟涛，尤其在勘界斗争时还一再夸奖麟涛聪慧好学，并多次把麟涛的诗文贴在壁报上供同学欣赏，于是去找刘校长帮忙，让麟涛去恭常都小学当老师。麟涛受“教育救国论”的影响，也很乐意去当小学教师。经刘希明的介绍，麟涛与杨章甫叔侄俩都去恭常都学校当了教师。

杨麟涛当时近十八岁，个子不高，整天戴着一副近视眼镜，与一些高个子的学生无多大差别，一些家长与同学都叫他“先生仔”。但他学识丰富、多才多艺，能写诗，还能写一笔好字，日语也能说得很流畅。一些学生家里办喜事或过年时，都喜欢请他写副对联或送个“福”字，他总是有求必应，尽可能满足别人的要求。有时还跟粗通文墨的乡亲吟诗作对。他更能与学生打成一片，学生若有疑问，他是有问必答，若有学生对文中疑难一时无法弄懂，他总是耐心解释、不厌其烦，真正做到诲人不倦。学校有十几位教师，大多比较年轻，他待人以诚、乐于结交，相互切磋教学上的问题，议论共同关心的时政及社会问题，与年轻教师相处甚欢。对比自己年长的中年教师，他谦虚谨慎，待以“师”礼，尊重有加。因此大家都愿意同麟涛交谈、共事。香山翠微村的中年教师吴为汉比杨麟涛大十多岁，起初很看不惯麟涛与学生亲密无间，认为有失师道尊严，会影响教学效果。但由于麟涛对吴老师很尊重，遇事总是先请教；若有不同的看法，也注意用商量的口吻解释与沟通；加之看到麟涛的教学效果确实不错，受到学生普遍的欢迎，吴老师逐渐消除了心中的芥蒂。

在恭常都小学任教期间，麟涛并不满足于课堂上的教学，课余时他经常与学生聊家常，有机会时便主动去前山、南屏周围一些学生家里，与学生家长谈古说今，聊一些“家长里短”、生活琐事，这对初涉社会的麟涛帮助甚大，学到了很多过去在上学时或在书本上不易学到的知识。当时袁世凯当道，一直在做“皇帝梦”，济军入粤，把香山以至整个广东搞得“鸡飞狗叫”、民怨沸腾。麟涛通过与基层民众的交往，扩大了自己的朋友圈，逐渐了解了当时农村的许多社会现实。麟涛虽自小在农村生长，但毕竟年幼，家中的困难主要由其父亲与母亲承担，因此他对基层农村复杂的宗族关系并不了解，对贫苦农民受到的种种欺诈、压迫并不清楚。正是在恭常都小学任教的一年左右时间里，他开始真正了解了中国农村的一些基本情况与复杂的关系，由此他也更加崇拜刘师复了，希望用刘师复的无政府主义理论来改造中国。他虽回到了老家，但与刘师复的通信更多了。他经常把所看到或了解到前山、南屏农村中的一些问题告诉刘师复，希望能找到解决这些问题的方法。与学生及学生家长的交往，也使麟涛积累了一些写作的素材，激发了灵感。

恭常都小学堂的校长刘希明是当地一位“大人物”，辛亥革命之前由同盟会派到前山以教师工作为掩护，从事反清活动。1911 年武昌起义爆发之后，他和陈希觉、苏默斋等人还在前山策划新军起义的工作，是辛亥革命的功臣。辛亥革命之后，刘希明在恭常都小学堂由学监转为校长，还兼过恭常都乡的乡长。1912 年孙中山先生辞掉“中华民国临时大总统”一职后，考察实业，曾从澳门返香山翠亨村省亲。刘希明发动前山、南屏、湾仔的士绅、乡民连同师生数千人在前山恭都学堂操场集会欢迎，并致辞高度赞扬孙中山先生的崇高爱国主义思想与不屈不挠的革命精神，孙中山先生也即席发表了精彩的演讲。随后孙中山先生与刘希明等人在恭都学堂门口合影留念。前山乡民与孙中山先生商定在“前山东门附郭”建一凉亭，以永志纪念，孙中山先生亲自持锄动土，为凉亭奠基。此事在广东反响很大，至今中山亭仍在前山中学正门的对面矗立着。据说恭都学堂是孙中山先生最早视察过的学校。

刘希明仗着对辛亥革命有功，在当时香山官场颇有地位与影响，大手大脚、肆意挥霍，将学校公款据为私有，甚至把教师的工资、学生的学费也敢拿去放高利贷。教师的工资被拖欠，学校师生怨声载道，但无人敢公开指斥刘希明。吴为汉老师在与麟涛相熟之后，向他与杨章甫讲明了此事。麟涛这才知道原来几个月自己拿不到薪金，并不是县府未拨经费下来，而是被刘校长挪用去放高利贷了。三人义愤填膺，当即决定先分头去摸清情况，准备当面询问刘希明，让他给个说法。由于刘希明胆大妄为，根本不怕教师得知此事，所以麟涛三人很快了解清楚此事的原委经过，连接受刘希明高利贷的人员名单也查得一清二楚。于是他们三人就在学校教工举行例会时，向刘希明提出此事，要求他给以说法。刘希明恼羞成怒，当众辱骂麟涛“恩将仇报”，并立即宣布停止麟涛等三人的教学工作，送交官府处理。刘希明依仗自己在县里的地位与关系，给麟涛三人扣上“制造事端、图谋不轨，破坏学校正常秩序”的“莫须有”罪名，把麟涛、章甫与吴为汉三人送入香山县大牢。

其他教师迫于刘希明的淫威，也没敢出来说句公道话，个别好心的教师也只敢偷偷去这三人家里“通风报信”，让其家人尽快设法营救。这三人的至亲闻之，莫不大惊失色，立即赶到县里鸣冤。陈智与杨章甫之父杨秩秋以及吴为汉的父亲等立即写出诉状，申诉三人的冤屈，并指斥刘希明随意扣发教师薪水、挪作他用，系违规犯法之举。三位教师在例会上要求校长说明实际情况，并无不妥，根本不应该给他们扣上“图谋不轨”的罪名。香山县府迫于舆论压力，也不敢肆意妄为，只能在关押若干天后将三人释放出狱，但没有给他们洗清“图谋不轨”的罪名，又默认了刘希明有权取消三人在恭常都小学的教师工作。因此，麟涛等三人这场斗争实际得到的是失败的结果。麟涛回到家里，只能待在家里与杨章甫、吴为汉痛骂刘希明的卑鄙无耻。香山县政府“为官不仁”，为虎作伥，使麟涛更加痛恨社会的不公。他反复高声朗诵唐朝诗人曹邺写的《官仓鼠》一诗，“官仓老鼠大如斗，见人开仓亦不走。健儿无粮百姓饥，谁遣朝朝入君口”，借以宣泄对贪官污吏的愤恨。

第二章

东渡扶桑游学
纵览世界新潮

第一节　离乡赴日　寻求出路

出狱之后的麟涛，已无法返回恭常都小学任教了。经过反复考虑，他主动找章甫、吴为汉商议：我们也老大不小，不能只在家里等饭吃。目前的情况已不适合留在香山，在这里肯定找不到合适的“饭碗”。麟涛说：“刘希明在当地有权有势，我们公开揭露他贪污公款、又挪用教职工薪金去放高利贷，让他的丑恶嘴脸在学校、在当地乡间暴露无遗，他必定对我们恨之入骨。他的报复心理那么重，我们三人还是离开香山一段时间为好。”章甫和吴为汉都很赞同麟涛的说法。

达成离开香山的共识后，他们从当下的谋生谈到长远的发展，眼光和思路逐渐开阔。章甫认为，日本这几十年富国强兵的经验很值得我们国家借鉴。自明治天皇重新掌权之后，原来主张闭关锁国的幕府倒了台，国家、社会的气象为之一新，不仅在甲午那一年将当时清朝庞大的北洋水师打得一败涂地，而且在日俄战争中又打败了宿敌俄国军队。吴为汉也有同感。他说，听说广东有很多士子争先恐后去日本留学深造，日本政府还专门把横滨作为华人在日本的集聚地。横滨的华人很多，政治氛围比较宽松，戊戌变法的领军人物康有为、梁启超，以及同盟会的孙中山、黄兴、章太炎等人都曾避难于日本横滨，据说梁启超还在那里办过《新民丛报》，那里值得一去。吴为汉还说，他的姐夫已在日本经商多年，正在横滨一家日本洋行当买办。

他们很乐观地设想：三人都有一定的日文基础，如果去日本，一般的交往不会太困难；一旦到横滨找到吴为汉的姐夫，有他的鼎力相助，他们三人的工作、谋生甚至上学深造均不应是问题。于是，三人分别向家中长辈说明了东渡计划及各自的有利条件，很快得到了各家长辈的支持。麟涛的母亲陈智也很支持其暂时赴日工读或留学深造以避开刘希明迫害的想法。她变卖了娘家当年陪嫁的几件金银首饰，凑集了一点路费，并帮他们找到一位常去日本经商的世交老友谢照陪伴，一起乘海轮东渡日本。

到了横滨，满怀希望的麟涛与章甫却被当头浇了一盆冷水。原来吴为汉的姐夫是典型的势利小人，一听他们三人刚从香山县府的大牢放出，而且“图谋不轨”的罪名尚未真正解除，脸色马上就变了。当即给麟涛与章甫一个“闭门羹”，自称“寒舍”狭小，难以接纳贵客，让他俩自行去横滨“中华会馆”解决住宿问题，至于介绍工作或上学，则只字不提。麟涛与章甫只得灰溜溜地从吴为汉的姐夫处离开，再去寻找横滨中华街的“中华会馆”。幸而“中华会馆”的接待人员颇为热情，帮他们就近租了一个简陋的小阁楼，安置了下来。

当时会馆帮他们找住处的青年名叫潘兆銮，广东省顺德人，1902 年生于一个侨工家庭。潘兆銮出生刚几个月，父母亲相继逝世，由其在日本做工的三叔收为养子，自幼侨居日本。他与杨麟涛等此次相识后，成为他们在日本最初认识的好朋友。

虽然有了住处，但麟涛与章甫很长一段时间找不到合适的工作。当时正是第一次世界大战期间，欧美国家经济都处在不景气阶段，百业萧条，日本也不例外。加之在横滨的华人、华侨也多，找工作相当困难。没过多久，他们从家里带来的钱物均已用完，只能时不时打点零工、卖点苦力，挣点小钱，维持半饥半饱的生活，就连租居简陋小阁楼的租金也难以正常交纳。麟涛当时所写的诗词，就有“避债怕闻梯得得”的句子，正是他们穷困潦倒窘况的实录。

他们住所隔壁有一家女子私塾，专门给华人、华侨女孩教授中文。办女子私塾的主人潘雪箴，是康有为的堂弟媳妇，她的丈夫康有制在戊戌政变之后受康有为的牵连，遭清廷通缉，便携家眷逃到澳门，以教书为生，后不幸病逝。潘雪箴应早年弟子张玉涛之邀，携一子一女远赴日本横滨大同学校任教。后因政见不合，潘雪箴离开了大同学校，自办女子私塾维生。她深明大义、富有民族气节，也乐于助人。看到麟涛他们在日本举目无亲、生活难以为继，潘雪箴十分同情，还建议他们将在老家因揭发校长贪污挪用公款恶行而被当权者诬陷入狱的惨痛经历写成故事，编印成小册子出售。

麟涛接受了潘雪箴的建议，很快就写出了纪实小说《如此》。章甫看后也颇为赞同，二人就将该小说印成几百本小册子准备出售。潘雪箴阅后，不仅对麟涛的文笔大加赞赏，还主动向学生、学生家长及邻里亲友推荐购买此书，帮助麟涛他们渡过生活上的难关。潘雪箴和她的儿子康佛（即康佛舟）、女儿康若愚（又名康炯昭）都与麟涛成了好友。晚上一有时间，麟涛就会到他们住所拜访。他们在一起谈论中外文学，探讨最多的是托尔斯泰的《复活》和《战争与和平》，也谈论各种西方新思想，从无政府主义到各种名目的社会主义流派。他们相互学习、吸纳，进行思想碰撞，有时还吟诗唱和。这种自得其乐的生活，让麟涛、章甫暂时忘记了自己的贫困与潦倒。

康佛与麟涛年纪相仿、脾气相投，很快就相互引为知己。1915 年初，康佛写了一首词《虞美人 · 赠杨麟涛》：

天涯听曲怜焦尾，傲骨真人子。
小楼歌哭总相关，寄语唐衢莫个泪澜翻。
玄黄龙战天如醉，禹域狮方睡。
春雷何日奋强音，惊破沉酣一试伯牙琴。

康佛在这首赠词里用了焦尾琴、多愁善哭的唐衢与伯牙琴三个典故，强化了“知音”这个主题。词的大意是：你是傲岸的英才，不必悲叹自己怀才不遇。世间群龙还在酣战，中华大地的睡狮还没醒来。春雷总有一天响起它的最强音，到那时，你的琴声必定会如同春雷震醒雄狮般而找到知音。

麟涛收到赠诗后，立即写了《和康佛虞美人词》一首：

冲流自惜赭鲂尾，白眼无余子。
小楼门设也常关，知己天涯谁复恨虞翻。
醴醽处处人皆醉，懊恼和衣睡。
广陵今日有知音，累得阿侬重理旧时琴。

麟涛在和词里用了“鲤鱼跳龙门”的故事及阮籍、陶潜、虞翻、屈原、嵇康的典故。和词中，麟涛先用“冲击水流的红鲤鱼自比”，告知康佛，我会珍惜搏击的动力，会像晋人阮籍那样以白眼对待世俗小人，也会学习陶潜那样闭门谢绝世俗宾客。而今人们在各种酒气熏熏的世间早已麻木不仁，自己虽在天涯，也只能怀着不快的心情和衣睡下。但今天终于寻觅到了你这位知音，我应该将当年的《广陵散》重新弹奏了。从这两首唱和词中可以清楚地看到：麟涛与康佛两人虽系初遇，相互之间已有了深厚的友情与不俗的赏识。康佛并不因为麟涛曾因“图谋不轨”入过大狱而轻视他，相反主动赠词称赞麟涛“傲骨真人子”。两位热血青年将对方引为知己的同时，立志施展抱负报效祖国的拳拳之心也不谋而合。

同年夏，麟涛与康佛同到公园游玩。当时樱花灿烂开放，鸟啼婉转动听，麟涛触景生情，写了一首回文词《菩萨蛮》送给康佛：

鸟啼愁处红花笑，笑花红处愁啼鸟。
游客莫多愁，愁多莫客游。
树摇蝉咽苦，苦咽蝉摇树。
长夏困怀乡，乡怀困夏长。

回文词较回文诗写作难度更大，有词律格式的限制，罕有人敢轻易问津，直到北宋才初见。麟涛当时还未到20岁，却信手拈来，可见其功力深厚，颇具大家风度。这首回文词从字面上看比较简单，反反复复在渲染这位海外游子因花开时节而触发的思乡情怀，花开了、鸟啼了，树在摇、蝉在咽，但终究掩不住身居异国、前路茫茫，长夏难熬、思乡情切。但若真要回乡，又会面对那黑暗的社会现实，必然还要“困”于难熬的苦夏。这无疑是一道“难解之题”。麟涛似已感到客居异国他乡并非自己的最佳选择，他开始重新思索与寻找自己的出路。

第二节　读书交友　历练成长

在日本，麟涛没能像当初设想的那样，找到一份相对稳定的工作，或者进入一家可以学习深造的学校。香山的老母及家庭也无力给他以更多的财力支持。尽管生活艰难，麟涛在横滨还是通过到书店、图书馆免费阅读书籍的办法，博览各种介绍西方新思想、新理论的日文著作。而当时的日本一心要“脱亚入欧”，花了很大的力气引进西方新文化、新科学。因此，在日本虽不到两年，却让麟涛眼界大开，许多国内无法看到的书籍杂志，在日本均可以尽情阅读、比较与借鉴。

更难得的是，麟涛结识了一批有共同语言并愿意共同探索中华复兴之路的好朋友，最先认识的是陈大年、容伯挺。陈大年，字萝生（1882—1969），广东南海人，世居广州，其父过世较早，自幼由其母精心养育成人。陈大年常用笔名“惺公”发表文章与诗词，为人豪放、仗义，喜欢结交朋友，早年参加清末反清的文学团体“南社”，与胡汉民、陈树人、高剑父等人交往甚多，还与汪精卫拜把称过兄弟，曾是广州报界的名记者。民国初年因抨击袁世凯窃国而被通缉，出走日本学习法律，在横滨华侨学校任教。通过阅读《如此》与麟涛、章甫相识，并结成了莫逆之交。陈大年当时就有一首诗送给麟涛。诗云：

月满华筵酒满襟，楼台高迥夜初深。
未回万里关山梦，却动中年节物吟。
闻雁易生鸣镝志，对花更有闭门心。
年年此夕情如海，付与婵娟细酌斟。

尽管两人年龄相差十四岁，诗风情趣各别，但都同怀忧国忧民之心，再加上陈大年对麟涛这位初涉人世的小兄弟之才能及人品十分看重，由此奠定了他俩后来十六年生死不渝的友情。由陈大年介绍，麟涛与容伯挺相识后也成了朋友。容伯挺（1886—1922），字宝韶，广东新会荷塘大宅巷人，自幼受家庭熏陶，学业大进，早年即赴日本求学。得风气之先，加入中国同盟会日本分会，进行革命活动。1916 年底在广州创办《广东中华新报》，这是当时广州一家规模与影响较大的报纸。容伯挺任社长，陈大年任总编辑、主笔。

由于陈大年与容伯挺的关系，麟涛与当时在横滨的林伯渠、高剑父、陈树人等众多爱国文人志士相识相知，这为他日后在广州的工作、生活和从事革命活动打下了基础。

林伯渠，原名林祖涵（1886—1960），湖南临澧人。1904 年春，被当时就读的师范学校选送到日本东京弘文学校公费留学。他在东京加入中国同盟会，从事秘密的反清活动，后加入中华革命党，一直参与孙中山领导的革命活动。1920 年 8 月加入上海的共产党早期组织，是中国共产党创建时期的重要成员。麟涛与林伯渠在横滨相识，后来在中国共产党创建时期与大革命时期有较多的来往。

高剑父是广东番禺人，著名画家。他早年肄业于广东水陆师学堂及岭南学堂，后师从居廉门下研习绘画，继而东渡日本留学。在日期间，不仅学习了外国艺术精髓，还在东京结识了廖仲恺、何香凝夫妇，一起研究日本及欧洲绘画。1905 年，高剑父在东京加入孙中山创立的同盟会，奉命回国，组织广东支会，任会长，参加过著名的黄花岗起义及光复广州战役。

陈树人号葭外渔子、得安老人，也是广东政治活动家、岭南画派创始人之一。早年留学日本，毕业于西京美术学校和东京立教大学，并追随孙中山从事民主革命。先后在香港的《广东日报》《有所谓报》《时事画报》任主笔，其作品宣传革命，反对康、梁的君主立宪。1915 年，他与陈大年同在日本横滨华侨学校担任教职，通过阅读《如此》了解了麟涛、章甫的经历，成为很好的朋友。

第三节　思考鉴别　汲取精华

赴日之前，麟涛较为信服的是刘师复的无政府主义思想。1884 年出生于广东香山石岐镇的刘师复，经历也非常复杂。他曾在日本留学，与俄日两国的虚无党人有联系，更名思复，后又改为师复。接受无政府主义影响，回国后在石岐创办当地第一所女学——隽德女学，又去香港参与《东方报》的编辑。1907 年在广州谋杀清水师提督李准，因装配炸弹不慎引起爆炸而被拘捕，并在治疗过程中失掉左手，被解回原籍监禁。1909 年被营救出狱后，他赴香港专心研究无政府主义，并组织“支那暗杀团”，从事暗杀活动。1912 年解散暗杀团，组织“心社”全力推动无政府主义的宣传活动，废姓遂称师复。

杨麟涛出国之初，仍与师复保持通信联系。但师复的理想在国内似越来越无实现的希望。1914 年，师复被袁世凯在广东的走狗龙济光驱逐出广东与港澳，流亡上海，1915 年 3 月因肺病早逝，年仅 31 岁。

刘师复病逝之时，曾一度信服无政府主义的麟涛正在日本横滨刻苦学习。他大量阅读介绍西方新思想新理论的日文著作，把重点放在心理学、美学、哲学、多种派别的社会主义思潮及宗教理论等西方各种新学科的学术思想上，并在学习中不断地进行思考、比较和鉴别。

这对麟涛来讲，是一次系统的补漏与奠基。毕竟，在省立一中学习时不可能系统完整地学到西方各种新思想新理论，加上中国当时虽已在西学的引进方面有了相当的进步，但引进及介绍的内容比较缺乏，甚至谬误频出。在横滨大量的阅读，对于麟涛来说，也是对中华民族救亡及复兴之路的重新学习与思考。麟涛在日本没有找到固定工作，这本是无奈的选择，但也有某种“好处”，他可以有更多的时间去认真学习自己感兴趣的理论知识。虽然没有正规的学校，也没有正规的老师教授，只能在图书馆、书店里自学，但也更利于他根据自己的实际需要制订自学或阅读计划，与同道之人讨论、切磋、争辩。因此，在横滨一年多的游学，是麟涛真正成为一个独立思考的学者之重要奠基阶段。

当时，麟涛对社会主义和马克思主义一些学科理论与知识的钻研，下了一番功夫。例如，当初日本对马克思主义学说的介绍，既有河上肇的书籍，也有堺利彦的著作。河上肇博士担任日本京都帝国大学教授20年，讲授经济学和经济思想史，岩波书店出版日文《河上肇全集》《别集》共36集。

而堺利彦（1871—1933）被称为日本社会主义的元老，1904年与辛德秋水共同翻译出版《共产党宣言》，随后又共同翻译恩格斯的《社会主义从空想到科学的发展》以及《资本论》的部分章节。1906年组织日本社会党。1922年日本共产党创立，被推为日共中央第一届干事长。

上述两位，都是日本国内接受并传播马克思主义学说最早的权威，但在对马克思主义的理解与掌握方面，还是有一定差别的。麟涛兼收并蓄，但似乎更倾向于堺利彦对马克思主义的解释。1919年与1922年，麟涛在传播马克思主义学说的两篇主要著作中，并没有如同李大钊先生那样主要以河上肇教授的《马克思之社会主义的理论体系》

和《近世经济思想史论》为蓝本，从中摘译，再加上自己的评论，甚至注明“以上译文从河上肇博士”。麟涛明确申明“关于唯物的历史观要领记（写）的译语，从堺利彦”。

在日本横滨时期的杨麟涛，只是马克思主义学说的初学者，还谈不上对马克思主义的真正掌握，也还未确立对马克思主义的信仰，但他对过去比较了解甚至达到信仰程度的无政府主义，此刻已开始动摇并逐步走向放弃的前夜。这一时期，他正在为拯救民族危亡广泛涉猎各种新思想、新理论，并进行比较与鉴别，以寻求中华民族救亡复兴之路。

第三章

游子回归故里
书生意气风发

第一节　母“病”急返　奉命完婚

1916年冬，正在横滨游学的麟涛突然收到一份电报，上面只有极为简洁的四个字：“母病速返。”麟涛是个孝子，得知母亲生病，他非常焦急，不得不收拾行李，准备启程回家。

即将离开日本回到中国，麟涛心有不甘。世事弄人，去年初他们三人满怀希望到日本寻找出路，本以为能有所作为，不料却要两手空空匆匆而归。此前，在他的亲朋中，章甫已因父亲去世而回国奔丧，而陈大年与容伯挺等老友为了寻找新的发展机会，也已返回故土。

临行之前，麟涛向康佛舟、康炯昭兄妹辞别，三人促膝长谈。因为潘雪箴已病故，康氏兄妹不得不考虑日后女子私塾及家庭生活的后续安排。他们的想法是：不宜长期留在日本，要尽快返回广东谋生，但目前还需暂时维持女子私塾的运行，一是学生学习有个时间与阶段，不能随意而止；二是可多收一点学费，以便返回广东时也能支付开销。同时，也希望麟涛为他们兄妹尽快返乡安顿，先在广东创造一些条件。

此时麟涛的心情极为复杂，既有对母亲身体状况的忧虑，也有对康氏兄妹的牵挂。他匆匆离开日本，赶回广东香山北山家里。不料，看到的情景却大出意外，母亲陈智身体健康、满面红光，家中也是一片喜气洋洋。麟涛很是惊讶，不明就里。详细询问，才知道母亲并未生病，而是因为另有打算，才称病急召他回国。

原来，陈智觉得自己虽生了九胎，但存活下来的仅有麟涛一个，家里实在是人丁单薄，现在涛儿已 20 岁，理应尽快娶亲成家。在麟涛离家客居日本期间，她四处托人物色邻近各乡淑女，后经其姐妹介绍，选中了翠微乡的吴佩琪。陈智亲自去翠微乡，见过吴佩琪这个端正贤淑的女孩，对其相貌、举止及谈吐十分满意。她又查了两人的年庚，均比较合适，再加上两家又有沾亲带故的关系，就果断定下了这门亲事。陈智甚至已经选定了结婚日期，才发电报告知麟涛，让其速返。为达到让麟涛及时返回的目的，她不惜假称身染重病。

几天之后，麟涛迎来了自己的大婚之日。吴佩琪，这位出生于翠微乡的望族之女就这样进入了麟涛的家庭。她知书识礼，精通女红，性情温顺，待人接物落落大方。在陈智与麟涛的共同关心、体贴与呵护下，吴佩琪渐渐融入了这个家庭。半年之后，康家兄妹二人按原先的设想于 1917 年七八月间停办了在横滨的女子私塾，离开日本回到祖国。返回广东后，他们先去麟涛家暂时落脚，与陈智、关秀英、吴佩琪等人相识并拜陈智为干妈，认麟涛夫妻为兄嫂。

第二节　客居澳门　执教赋诗

成婚之后，麟涛就要以一家之主的身份，担起责任，维持一家人的生计。

经杨氏在澳门的族人推荐，1916 年底，麟涛到澳门一个老板陈立如家里教书。陈立如在澳门南湾开了一家印刷铺，家中有年龄不一的几个儿女，特地在自己家里设馆办学，让自家与几位近亲属的六七个孩子一起学习。麟涛在出国之前就已在恭常都小学任教，是个受学生欢迎的“先生仔”，这两年又去日本横滨深造，是众人眼里知书达礼、见多识广的读书人。陈老板与其交谈之后，觉得他思维敏捷、谈吐不俗，对青少年教学颇有见解，因而很是欣赏，立即以较为丰厚的待遇聘请麟涛为西席，并同意麟涛的堂弟杨应广附馆就读。

在教学中，麟涛根据学生的年龄、性格特点、学习基础及接受能力因材施教，循循善诱。同时，他也很重视对孩子们学习兴趣及爱好的培养，一段时间过后，这些孩子的学习成效明显。陈立如注意到孩子们身上发生了可喜的变化，不仅谈吐交往有礼有节，而且开始写诗作对，虽水平尚低，但也略有了一点模样。陈老板十分满意，又主动提议安排临时住所，让麟涛的母亲、妻子共同迁来澳门。为了做好教师工作，同时照顾好母亲、二妈与已有身孕的妻子，麟涛十分愉快地接受了陈立如的安排。

陈立如在澳门南湾龙嵩街附近，租下了一套住房，让麟涛一家人居住，附馆就读的堂弟杨应广也一起搬了进来。房子面积虽不大，但也勉强够住。最令人高兴的是，房子离南湾湖不远，环境清雅。南湾像一轮弯月，横卧在澳门半岛的南端。那里有一片开阔的沙滩，沙滩背后是青石板砌成的堤坝，堤旁有一排柳树。夜间微风轻抚、枝摇絮舞，常使麟涛流连忘返、诗兴大发。闲时他或到海边垂钓，或与诗友相聚海边吟咏诗词，借此调节心情。

南湾的东北有一座东望洋山，与相隔数里的西望洋山遥遥相对，山顶上设有炮台，与大三巴牌坊上面炮台山的炮台共同形成澳门半岛的制高点，是炮轰来犯海盗的主要防卫设施。当年的南湾，除商业聚集地外，大多是独门小院的葡式民居，住户几乎都是葡人及收入水平较高的华人，其中相当部分是文化人。

麟涛在澳门度过了一段短暂而安定的生活。

到澳门不久，麟涛就与教育界、文化界的一些人士有了交往，例如冯秋雪、莫运公和瀚华学校校长黄沛公。当年佩文中学的创办人冯秋雪是一位诗人、教育家，她的丈夫赵连城也是诗人，夫妇均是同盟会会员。麟涛与他俩结识后，一起吟诗作文，成为无话不谈的挚友。在随后的岁月里，这两人一直是与共产党合作的朋友。

贺无庵也是麟涛在澳门结识的好友。他原名贺瑞垣，是广州西关破落世家子弟，长麟涛十岁，在广西等地担任过几任中学校长。他外表五大三粗，厌恶时俗，敝履荣华。他与麟涛于澳门初识之后，两人一见如故，很快就引为知己。正因为有这一段时间的交往作为铺垫，后来，麟涛离开澳门回广州，贺无庵也去了广州，并同在广州时敏中学任职。在时敏中学，他们既是同仁（贺任学监），又是酒友、诗友，交情颇深。

在澳门，麟涛不仅结识了一些新朋友，还不时与杨章甫等族人亲友相聚。在麟涛去澳门之前，杨章甫也举家迁往澳门。为奔父丧，他早于麟涛从日本返回北山，随后，为负担一家近十口人（他有六个弟妹）的生计，章甫在澳门办了一间名叫“渥提寄庐”的书院。章甫的二弟杨一行也是思想激进、才思敏捷之士。这群二三十岁的年轻人，才华横溢又意气相投，经常聚集到佩文学校或轮流到贺无庵、杨麟涛家里，作诗酒之会，发思古之情、探今后之路，常常终夜不散。

在澳门生活期间，麟涛作诗不少，据说有一本《寒灰集》（麟涛曾用“寒灰”这一笔名发表的诗集），载有其在澳门时期的诗作。据匏安子女回忆当年曾见过此诗集，可惜至今一直没有找到。现保留下来的发表在1918年《广东中华新报》上的《登东洋山同沛功粟一分韵得洋字》《下山小饮》《钓》等一批诗作，颇能反映出他们生活的一些情况。

登东洋山同沛功粟一分韵得洋字

天风浩浩水汤汤，跌石攀松看夕阳。
几片风帆成点缀，半间茅屋寓沧桑。
颇嫌啼鸟催诗急，却讶归云袭袂凉。
自分凿坯栖隐去，壮怀收拾叹茫洋。

这是诗人麟涛及诗友黄沛功、粟一登澳门东望洋山望洋抒情的情景。诗中描写海洋上空的风之浩荡及海洋的波涛之汹涌，诗友们爬上山顶上的大石登高远望即将落山的太阳。远处几片风帆点缀海面夕阳，而不远处的山边看到的半间茅屋，其荒芜及破败则显示出历史的变迁。本以为我们应该搁置豪情、摆脱世事去隐居，但看到了汪洋大海，自己还是发出一声感叹。借诗言志，隐约表达出对目前处境的极不满意、极不甘心。

与这首诗同日写的还有《下山小饮》：

山腰日气莽苍苍，羁客凭高怯望乡。
九万里天通呼吸，五千里事费平章。
风帆远掠寒林过，云兽纷拏绝壑藏。
采得杂花归去晚，酒家尚有松醪香。

这首诗就是当日爬上东望洋山之后下山，在山腰而作。诗中描写了身为“羁客”的矛盾状态：心里思念故乡，牵挂国家命运，但眼下却只能采点野花喝点小酒，间接抒发了壮志未酬的遗憾。

麟涛在澳门待了一段时间之后，长子文达出生，家庭生活也趋于稳定。但澳门在葡人的殖民统治之下，到处是赌馆、烟馆、妓院，这种社会现实，离他的“救国济民”理想太远。1917 年的夏天，张勋率领辫子军进京复辟，虽然只是一幕仅有 11 天的闹剧，但在中国人民的心里留下了很重的阴影。几个月之后，孙中山在广州成立军政府，但不到一年，又被西南军阀逼走上海。南北军阀之间的连年混战，让老百姓深受其害，常年陷于战火与动荡的苦痛之中。此时，“救国济民”的理想又在麟涛的胸中燃烧。他开始把自己的眼界扩大到澳门之外，注意到国内一些先进分子已经发起与展开了启迪民智的新文化运动。

杨麟涛刚去日本横滨游学的1915年，陈独秀在上海创办了《青年》杂志，大力提倡“德先生和赛先生”，揭开了新文化运动的序幕；1916年，《青年》更名为《新青年》，并迁到北京。1917年1月，蔡元培出任北京大学校长，倡导“思想自由、兼容并包”的办学方针，邀请了陈独秀、李大钊、胡适、鲁迅、钱玄同、刘半农等一批文人学者到校任教。这批先进的知识分子又举起“文学革命”的大旗，倡导白话文、反对文言文，提倡新文学、反对旧文学，努力使新文化深入民众之中。

如火如荼的新文化运动，使麟涛内心震动。他决心投入新文化运动，从引进西方新思想、新知识启迪民智开始。他从日本市村氏《变体心理学》中节译了一篇文章《原梦》，发表在1917年10月15日上海商务印书馆出版发行的《东方杂志》第14卷第10号。在文中，他用比较通俗的文言文介绍如何用新的科学知识认识人的睡眠状态及睡眠的不同程度、分析做梦的生理原因，并说明做梦与凶吉之预知关系，还引用德国雍克博士的个案，即用梦诊法来诊察某种精神异状之病者，以查清病原，得其疗治之法。当时他仅 21 岁，就译写了这篇破除民间迷信思想的文章，作为投身新文化运动的试笔。正是从这篇文章开始，他使用匏厂（同“庵”）作为自己的笔名。也正是从这时开始，他立志用自己的笔撰写或编译西方新思想、新文化的文章，宣传科学知识，开启民智，动员民众一起救国济民。

《原梦》发表半年之后，他又在 1918 年 5 月 15 日出版的《东方杂志》第 15 卷第 5 号上发表了《晕船之防止法》一文。当时国内民众远行开始依靠轮船，而一般人都有晕船的现象。但一些科学杂志谈晕船原因时，只讲平衡器官的失常，而没有讲述防止晕船的办法。麟涛则根据自己的经验及结合自己的所见所闻提出防止晕船的 15 种方法，供读者根据自己的实际参考采用。这篇文章还是用其习惯的文言文体裁，文章不长，仅 2000 多字。内容实在、有用，适应了当时民众现实生活的实际需要。

杨麟涛在澳门还有一首初秋时节所写的《钓》，刊登于 1918 年 3 月 11 日《广东中华新报》：

收拾诗篇理钓竿，潺湲秋水辨微寒。

居夷有此宁为陋，合辙于今倍觉难。

霜叶争霞明水际，风帆向晚走云端。
单襦皂帽萧条甚，老却天涯管幼安。

此诗是麟涛澳门生活的实录。大意是讲：在澳门能有现在这样简陋的居处也算可以了，只是志同道合者不易找到。尽管如此，我也乐于像当年在天涯海角的管幼安一样，做一个节操高洁、不慕名利之人。麟涛对管宁“淡泊名利，宁肯清贫”、坚持躲在辽东三十多年而且至死不仕的高洁志向十分推崇。他并不愿意长期居夷。在澳门居住一年左右的时间里，麟涛写了一些诗作来排解郁闷、抒发志向。写诗成了麟涛在澳门抒发心绪的最佳方式，也是他用以赚取稿酬、养家糊口的一种手段。虽然是种无奈，但在当时的环境，他也只能权且为之、聊以度日。

1917年底前后麟涛与日本横滨时期的挚友陈大年、容伯挺联系上了，得知陈大年与容伯挺1916年末已回到广州创办了《广东中华新报》，发行量不小，他们都希望麟涛能去广州帮忙办报。而此时在另外两家私塾任教的康佛、康炯昭兄妹也不愿在葡人管制下的这块祖国的“夷乡”中长期生活。1918年初，麟涛一家与康家兄妹都离开了澳门，前往广州谋生。

第四章

投身社会实践
传播马克思主义

第一节　时敏任教　志存高远

杨麟涛在挚友陈大年与容伯挺促成下，终于作出了到广州工作的决定。他俩在 1916 年末回广州后，创办了《广东中华新报》，分别担任了社长与总编辑。他们都看好麟涛这位年轻人，希望麟涛的加入能使《广东中华新报》成为南中国传播西方新文化的重要阵地。但他们也考虑到麟涛家庭有老有小、人口较多的实际情况，仅依靠报社记者的薪酬未必能够负担其家庭全部开销，经过认真考虑，最后决定，由容伯挺推荐麟涛到私立时敏中学任教务主任，并先在《广东中华新报》兼任一段时间记者。至于住处，则由麟涛自己想办法在广州寻找合适的租屋。

从在广州生活开始，因为杨麟涛在报社发稿时，常用匏厂、匏公等笔名，导致杨匏安这一名字流传更广。此后，杨匏安之名自然地取代了杨麟涛之名。

杨匏安把全家迁到了广州司后街（今越华路 116 号）原两广总督衙门东边的“杨家祠”（为纪念老祖宗泗儒先生，这里也称“泗儒书室”）。

“杨家祠”原为香山县北山杨氏宗族 200 多年前在广州设立的宗族祠，亦是在清朝“开科取士”时为杨氏宗族子弟到广州应试住宿读书的邸舍。

杨匏安一家于 1918 年初住入后座之东厢房。而之后迁来的章甫一家住后座之西厢房，章甫本人则到培正中学担任国文和英语的教学工作。杨家有了这一免费居住场所，匏安就可全力以赴搞好学校教学工作，同时也可关注广州社会现状与社会时事，襄助《广东中华新报》的发展。匏安平时因学校工作需要，一般住在时敏中学，而每逢星期天或休假日，则回杨家祠，与家人团聚。

2019 年广东省与广州市已正式将这里建成“杨匏安旧居陈列馆”，并正式对外开放，这是后话。

杨匏安的长子文达这时已 2 岁多了，再加上妻子、母亲、二妈，以及堂弟杨青山，一家六口人的生活完全要靠匏安的薪酬承担，经济压力还是比较重的。加上时敏中学是私立学校，是一批文人凑钱创办，并无雄厚的财力作后盾，有时也有拖欠薪水的情况。

匏安当时写过一首诗《消夏》，刊登在 1918 年 5 月 11 日《广东中华新报》，诗云：

春衣典尽觉身轻，日日江头着屐行。
不作词人妨感喟，偶同渔父话虚盈。
人闲只合看云坐，世乱聊为带雨耕。

我已无心问哀乐，残蝉何事倚高鸣？

这首诗的意思是："春季的衣服均已典当完了感觉到身上已轻了不少，日日穿着木屐到荔湾江头散步，不想如同词人屈原那么多的痛苦沉吟，但还是会偶然与渔父说长论短。人闲了只能坐看天上的云在动，世事混乱我们也只能在一旁冒雨耕作。我现在已没有心思过问人世间的喜怒哀乐了，秋蝉呵，你怎么还在高处呀呀鸣叫呢？"这无疑是作者隐晦曲折地表达自己对世事种种不公现状的无可奈何，但仍然满含无比强烈的激愤！诗中也流露了他因学校薪水拖欠而只能去当铺典衣换钱维持家计的苦闷，又有点自我嘲讽与调侃。

当时，广州市警察局的一位官员得知匏安颇有文采，曾专门邀请他去警察局当秘书。在一般人眼里，这无疑是一个"肥缺"，很多人都求之不得、趋之若鹜，但匏安断然谢绝。虽然中学教员的薪水不高，而且经常拖欠，致使他时而要去当铺抵押财物维持家计，但他宁可清贫度日，也不愿厕身浊流。

他当时还有一首诗《秋夜同无庵闲步》，刊登在 1918 年 9 月 25 日《广东中华新报》，颇能反映他的心声。诗云：

拂面西风病乍苏，柳堤行尽屐声孤。
大江潮涌初圆月，浅渚秋掠熟睡凫。
借次清霜坚傲骨，拼将浊酒斗孱躯。
多时不作还乡梦，旧种黄花尚有无？

这首诗是1918年秋天所写，当时因繁忙的教务工作及学校内部复杂错综的人际关系给匏安带来了沉重的精神负担，年轻的匏安不堪承受，生了一场病。病刚好一些，他又总是熬夜工作，年长他十岁的贺无庵看在眼里，痛在心里，就有意约他趁夜同去荔湾长堤散步聊天，让他在忙碌之余能够短暂休息。从这首诗可以看到匏安“大病初愈，与贺兄穿着木屐在垂柳长堤上散步，看到了北江与西江潮涌映出明亮的圆月，秋风在沙岸草丛之中掠过了熟睡的水鸟。凭借清霜使自己坚强不屈的骨头更加坚固，尽管自己身体很差也照样敢用浊酒来拼斗。我已多时不做回乡之梦了，只是还在挂念当年所种的菊花还在不在原处？”此诗看似平淡，却寓浓于淡，寓巧于朴，含意很深，表达了匏安傲骨凌霜的品格。匏安的诗引起了贺无庵的共鸣，他也写成了七律《和匏公韵》四首回赠杨匏安。这四首回赠的诗也发表在同日的《广东中华新报》上，这也成了当时社会上的雅谈。

广州私立时敏中学的前身为时敏学堂，创办于 1898 年，为我国最早创办的新式学校之一。创办者为时敏学会，时敏学会在维新热潮中筹集基金，置办校产，聘请教习，并推邓家仁、陈芝昌、梁肇敏、邓家让、陈国照、陈兆煊、谭颐年、邓纯昌等人为会董，校址位于西关多宝大街宝庆新街。当时学堂初开，一些有志于新学的青年，甚至不远千里从广州以外的市县以至江苏、浙江、湖南、广西等外省，纷纷前来求学。鉴于清廷当时尚未制定办学制度及章程，时敏学堂先将学制设为大学、小学两部，仿照西方学校课程结合我国实际而开设若干课程。在当时来说，这种教育是一种很大的革新，比广雅书院还跨前了一步。时敏学堂的办学者于 1902 年还选派金曾澄、邓弁华、陈芙昌等学生赴日本留学。1905 年，时敏学堂遵照当时的清廷学制，改为时敏中学堂，邓家仁为校长。1912 年，再改校名为私立时敏中学。

当时，匏安深受“教育救国论”“实业救国论”的影响，很快就全身心地投入时敏中学的教务管理与国文教学，为青少年接受新思想、新文化尽自己的力量。

康佛、康炯昭兄妹俩于 1918 年初来到广州，康炯昭的工作就是由匏安介绍的。由于康炯昭有女子私塾的工作经历，匏安介绍她在私立道根女子学校任职，炯昭半年后就升任了校长。应道根女子学校创始人陈道根与教务主任黎演荪的邀请，也为了支持炯昭的工作，匏安还去道根女校给学生讲授诗词。讲授诗词之前，他先发给学生自己编写的《诗选自序》，之后将其发表在1918年4月底的《广东中华新报》副刊上。《诗选自序》首先简要地讲了何为诗："小序曰：情发于声，声成之谓之音。又曰：在心为志，发言为诗。"又扼要地介绍了古诗的起源："尧则有戒，舜则有歌。"匏安在《诗选自序》中，还重点介绍了诗的教化作用："敦夫妇，成孝敬，厚人伦，美教化，移风俗也。小则用之乡人，大则用之邦国，而陶淑性（情），正心诚意之功，莫或过焉。"他进一步强调了写诗在立意与用词上的两个标准："义取敦本务实，辞唯绝俗清高。"他特别强调："总之，诗文一道，首贵无俗气。外质中膏，声希趣永者，上也。"并告诫学生："然欲诗文之无俗气者，必其人先无俗气；外欲其人之无俗气者，则举凡流俗所趋之事，非斥去不可。"他还鼓励学生："能如是，而更取古人醇雅之作读之，朝夕如揖古人，心静则识明而气自生，古人之境不难到也。"此篇文章不长，但对诗的评品及写诗的基本方面均已谈及，而且相当深刻。

匏安在时敏中学任教时有两位志趣相同的同事诗友。

一位是在澳门时就相识、当时在时敏中学担任学监的贺无庵，一位是独自来广州就职的外省人孙都休。孙都休也是一位颇有造诣的书画家。他们三人很谈得来，贺无庵与孙都休年龄虽比匏安大上十岁，但都很器重匏安这个年轻的同事，认为他虽年轻，但有才气，为人谦逊、坦诚，而且清高、从不媚俗。他们三位对社会现实生活中的种种不公平、不合理现象往往有同感，经常在课余之暇，去荔枝湾划艇、散步，时而坐在凉亭之中，边聊天、边欣赏那西下的夕阳及倒映荷叶之璀璨风光，时而也在夜间把酒吟诗，交流各自的心得，十分快乐！

杨匏安在时敏中学还写了一首《泛舟》，发表在 1918 年 5 月 28 日《广东中华新报》上，诗云：

荔子湾头日欲低，棹歌轻发水禽啼。
扁舟逐向深渊去，小树长教万绿迷。
霸气已沉文物改，云流垂尽管弦凄。
天心厌乱人思乐，底事春城尚鼓鼙？

这首诗上半首的头两句是写景，后两句是抒情。其意是：临近傍晚时分太阳已低垂，我与友人在荔湾湖畔划艇游玩，双桨划着小艇前行，哼着轻歌，听着水鸟的啼鸣。

我们的扁舟向白鹅潭深处划去，湖边的小树生长得郁郁葱葱，四边的万绿也只能着迷。下半首则是写意抒情，大意为：当年广州的霸气已沉落，过去的制度也应该变革了，天上云彩的流动也到了尽头，当年的管弦乐也凄凉变调了。天意讨厌动乱、人心希望安乐。而广州嘈杂的声音却为什么仍然超过了古代军队的战鼓声！这是对政事的揭露与斥责：当时表面上北洋军阀掌握了中央政府，但实际极不统一，袁世凯死后，北洋军阀的直、皖、奉三大派系连年征战，各省也有大小不等的地方军阀，分别割据一方，不断厮杀。孙中山这位民国之父、“大元帅”在广州地区几起几落，广州一带不仅外有北洋军阀等窥视，粤、桂、滇系也混战不已，呈现一片乱象！

杨匏安和贺无庵晚上一般不回家，都在时敏中学校内留宿，处理校务与备课，夜间也时而饮酒吟诗，忙里偷闲，自寻乐趣。他们经常还把孙都休拉来，更是其乐融融。

1919 年匏安进入了 24 岁。他在《广东中华新报》发表了一首七律《二十四初度》，诗云：

朝来妇子共禧禧，病起犹堪进一卮。
堕地孰教成鞅掌，全天吾与学支离。

栖心莫梦藏隍鹿，袖手休弹覆局棋。
喜奉高堂班果饵，偏将此日忆儿时。

诗的大意是，24 岁生日那天早上妻子与孩子一起嬉戏逗乐，我虽有病也起来同乐，还能喝上一杯酒。我这个教师忙忙碌碌也无暇整理仪容，全身骨架子像散了一样。做人做事不要居心作“藏隍鹿”之梦，也不要袖手而谈翻转棋局之事。我欣喜地捧着慈母赐给的糕饼，不由得又想起儿时的情景。匏安享受家庭天伦之乐的幸福和虽忙碌辛苦致使染病在身但仍积极努力、奋发向上的精神，跃然纸上。

匏安在时敏中学写下的最后一首诗五律《除夕赠都休》是 1919 年 1 月 31 日（腊月三十）写的，发表在 1919 年 2 月 17 日的《广东中华新报》。诗云：

客中同守岁，今日意如何？
彼此胸怀旷，谁人诗句多。
寒灯酿春色，腊鼓散愁魔。
相视翻一笑，犹赢鬓未皤。

都休是年过三十的独身外省人，放寒假、过大年也没离开广州回老家。匏安为了使羁身异地的诗友情绪得到宽慰，除夕夜专门来到学校教工宿舍，与都休共同守岁。这首五律正是匏安陪伴都休老友共同守岁所作，其内容大致是：“咱们都是广州的外来客，都在外地共同守岁，今日感觉如何？咱们都有广阔的胸怀与抱负，要看谁的诗词多？吊灯周围是一片春天的色彩；腊月的锣鼓声驱散了让人犯愁的恶魔。咱们相互凝视、微笑着，咱们都还年轻（我们的鬓角还没白），还会赢（指有美好的未来）。”都休这位中年教师对匏安的才能及人品十分了解和认可，当匏安被时敏中学一些在高等师范学校毕业的教师攻击为“不懂新教育事业”而于四五月间辞去时敏中学教职时，都休公开站出来为匏安讲公道话。他于同年6月9日在《广东中华新报》发表的《病中杂感》中，就写了“吟诗饮酒岂不好，为底来呈让位文？今日英雄争事业，心思迂腐不如君”。这正是他对匏安辞掉时敏中学教职的遗憾与惋惜，对攻击匏安的那些教师表达的强烈不满。

杨匏安在1919年春夏之际，辞职离开了时敏中学。据康炯昭在新中国成立之后写的《杨匏安小传》中提到，杨匏安是由于“被高等师范学校毕业的教师排挤为不懂新教育事业”，离开时敏中学的。这应该只是匏安当时辞去时敏中学教职的原因之一。由于匏安在时敏中学的一年多时间里，与贺无庵、孙都休两位诗友、酒友往来较多，相互引为知己，他们仨都有愤世嫉俗、清高自赏的心态，在时敏中学十多位教师群体中，客观上形成一似有点封闭的三人小圈子，与其他那些教师来往较少、甚至落落寡合，不免受到其他教师甚至校长的排挤。时敏中学由于经费的支绌，常有无法按时开支教工薪金的情况，匏安也常需去当铺典当甚至外出借贷。时敏中学到了 1920 年因为财政窘困而无法维持下去，只能倒闭，匏安作为教务主任，理应会稍早一些知道学校经费紧张的现实。以上几点都是匏安辞去时敏中学教职的原因，但更为重要的是匏安已决心集中精力投入《广东中华新报》的工作，传播新文化、新科学，参与到如火如荼的新文化运动之中。

第二节　兼职《中华新报》　关注社会热点

杨匏安在时敏中学任教时，兼职为《广东中华新报》撰稿。1919 年 6 月辞职之后，开始全身心投入《广东中华新报》的工作。

在时敏中学任教时，杨匏安陆续向《广东中华新报》送登自己的诗稿并撰写或编译了一些文章。这与他在《广东中华新报》的兼职身份比较合适。有几篇诗作是他先前在澳门时写的，多数还是在时敏中学与无庵、都休两位诗友吟诗唱和时写的。他还以通俗文言文的形式在《广东中华新报》发表了《黠医》《智妇》《波斯老人》《英王之词令》《义妇岭》《窃疾可治》《孝子证父》等十三篇小品，主要是翻译改编西方的一些小故事，也编写了个别的中国小故事，表达一些普通人如何善用智慧，赢得生存技巧或劝人改邪归正，或惩治恶人、警醒世人。这些作品显示了匏安的语言技巧及中西结合的文化特色。他的小品大致可分为启智类、劝善类与锄强扶弱类，主题鲜明、格调高雅、寓意深刻，完全不同于当时各类报纸副刊通常刊登的清宫秘闻逸史或鸳鸯蝴蝶派的哀情小说。

例如《窃疾可治》，是匏安于 1918 年 3 月 2 日发表在《广东中华新报》“世界新语”专栏的第一篇小品故事，大意是讲某甲素来无赖，日则酗酒，夜必行窃。其妻甚忧，反复苦劝，但他仍然不听。之后其妻听说县里有名医，善于用药，认为名医一定有办法治其老公的窃疾。名医听完其妻的诉求后，先是大笑，然后点头称是，给了她几剂药，并告诉她每天晚饭后，将药投入其夫茶中，让他喝掉，还不要让他知道，那么窃疾可愈。其妻大喜，照此办理。结果，某甲第一晚外出行窃，却无功而返。第二、第三晚亦然。妇人意识到药力起了作用，继续天天用药，直到他晚上不再出去行窃。妇人甚为高兴，忍不住问其夫何因所致。其夫叹息地说出其原因，原来其夫一到夜间去行窃就会咳嗽，想忍住咳声进入另一家，不料咳嗽声更大，只能马上退出来。这一段时间，天天如此，无可奈何，只能不去行窃。妇人至此才知道这位名医所给的药实际上是起咳的药，惊叹不已。就把这一情况如实告知了丈夫。丈夫被其妻的诚意所感动，毅然改掉了这一恶行。这篇小故事曲折有趣，也很感人。它告诉了读者：只要有决心与恒心，顽疾可治、恶行可改！类似的小品故事，在“世界新语”专栏中还有好几篇。

杨匏安积极支持正在兴起的“新文化运动”，他在3月14至22日的《广东中华新报》发表了一篇用比较通俗的文言文写成的短篇小说《王呆子》，全文大约4000余字，分8天连载在“世界新语”栏目。小说写的是一位绰号“王呆子”的少年复仇的故事。王呆子的父亲和姐姐被恶霸郑某迫害致死，16岁的王呆子在失去两位亲人之后，不仅没有气愤报仇之表现，反而麻木不仁，路遇郑氏还恭敬有加，避让在路边，主动鞠躬行礼。邻人看见这一现象，无不痛骂其没心肝，他也不在乎。呆子还主动要求其叔带他到郑氏家中卖身为奴。郑氏见他恭顺，将他留下做苦力。呆子在郑府干活非常勤劳，逐渐得到郑氏的信任，不加戒备。第二年清明节，呆子随主人上山扫墓，乘主人拜祖之际，骤举锄头将恶霸击晕于地，接着从怀中取出利刃，刳出仇人心肝，拜祭父亲与姐，然后入山为盗。

杨匏安在小说结尾写道："论曰：豫让吞炭，渐离击筑，悲且壮矣！然兹二人，国士也，其为此因宜。若王呆子者，阘茸猥琐，未尝闻古人义，乃驱于天性，激于怨毒，忍死含垢，卒推刃仇家，其'愚'宁可及哉！郑氏多行不义，丧身竖子之手，其货财妾媵，后且皆不保。君子于此，窃有感焉！"

在这篇小说中，杨匏安尽情抒发了他对被剥削被压迫者的同情和对旧社会的积愤，把伸张正义的愿望，寄托在被迫害的年轻一代贫苦农民的复仇行动上，像这样充满激情的以农村反封建为题材的小说，在五四运动前期的中国文坛，是难能可贵的。但匏安当时并没有找到农民翻身作主人的正确道路，还停留在无政府主义的影响之中，小说中的主人公只能依靠暴力杀戮与上山当绿林。这篇文言体小说的问世比鲁迅先生的白话体小说《狂人日记》还要早两个月。其思想内容与创作方法在当时无疑是先进的，是实实在在的新文学作品。

《广东中华新报》总编辑陈大年在 1918 年 3 月 11 日出版的《新报》"东人 · 西人"专栏发表了一篇短文，其中写道："友人杨匏庵，文字雅洁，一看而知曾致力于古文者。昨寓书于记者，痛论近人所为小说之弊。谓小说之运词，似乎宜于华丽，然不知其病即在华丽。脱在老手，必删除浮艳，外质而中膏，毋佻毋纤，恒存肃穆之气。故古之小说，直与文同视。今则日趋下矣！是故运词果工，则命意且不求其异，如畏庐短篇杂著，虽多有经人翻译者，然一出此老笔下，有雅俗之辨，其理不外如是云云。匏庵健者，宜有此独到之语也。一般小说家，可以知所戒矣！"陈大年对杨匏安这个报界新手给予了较高的评价，肯定和赞扬了匏安的工作态度与写作思想，针对之前《新报》副刊发表的大多是邓芳草的清宫秘闻艳史与徐枕亚鸳鸯蝴蝶派的哀情小说的现象，对当时《新报》副刊编辑邓芳草也进行了不点名批评，隐示了《新报》副刊必须进行改革。

1919 年 1 月 4 日匏安还署名"匏公"发表了一篇题为《女子友情之研究》的议论文章，现仅存文章的第三部分，主要分析中国妇女结婚成家之后疏于交友、友情薄微的四个原因。新文化运动时期，中国的先进知识分子都比较重视妇女解放运动，因为中国妇女长期以来被旧中国的封建伦理压在最底层，匏安希望更多的中国妇女、女青年能冲破封建伦理制度给女性带来的沉重枷锁及牢固樊篱。他通过考察、分析，归结了使女性身负沉重枷锁的原因：第一，中国妇女结婚成家之后自古以来就“惟顺而已”，而“惟顺”则必无义，必然“不能处友”；第二，是父系“家族制度之障碍”，结婚成家之后的女子之职“惟是保守”，“深居”“旧好断绝”；第三，中国妇女多被加以“无才为德之陋说”，“使全国女子，十丈以外无闻见”；第四，中国妇女结婚之后，“其身分为一家之附属物”，“永无独立人格”“万无可图事业”，因而“无须朋友之概”。匏安将这四条原因婉婉地道来，让女性读者及全社会关心妇女的读者为之心动。这种委婉讲述、使读者信服的说理方法，是匏安早期议论时事、社会问题的基本方法，为匏安赢得了大量的读者。

1919 年 3 月 5 日，匏安以“匏公”的笔名在《广东中华新报》发表了一篇《永久的平和果可期乎》的政论文章。这是一篇分析社会问题的时评，彰显了杨匏安较高的思想水平。

1918 年 11 月，第一次世界大战以英、法、美、日等协约国的胜利，德、奥匈同盟国的失败而告终。翌年初，巴黎和会召开，美国总统威尔逊提出的和平条款，主张建立国际联盟以解决国际争端；大小国家一律平等；尊重殖民地人民自决权；反对秘密条约等，在国际上有很大的迷惑性，也迷惑了中国的民众与学者。我国作为第一次世界大战的参与国，派遣了大批华工去欧洲战场参战。因此，我国自然成为第一次世界大战的战胜国之一，举国欢腾。国人以为我国终于可与列强各国平起平坐，可收回过去被德国、奥匈帝国等侵占我国的权益了。北京市民与学生上街游行，庆祝第一次世界大战的胜利，并推倒了作为国耻标志的克林德碑。北京政府将拆下的砖石在中央公园建立了“公理战胜”碑，还通令全国放假庆祝胜利。不少名流如蔡元培、陈独秀、李大钊等无不以为这次的胜利是公理对强权的胜利、是“劳工主义的战胜”、是“民主主义的战胜”、是“庶民的胜利”。梁启超更认为“今次之战，为世界之永久和平而战”，国际联盟，是实现世界大同“最良之手段”。

杨匏安不忍坐视举国上下沉迷于世界将获永久之平和的误区，他当时虽是年轻的“小人物”，却持与众不同的看法。他一反先前不问世事的常态，毅然撰文运用辩证法与唯物史观观察世界大局，抓住种族与宗教两类主要矛盾，对此次大战之后国际形势的发展作出了远超国内众多名流见识的正确分析：他承认：“今次之大战争，伏尸流血者一千八百余日，举世为之抢攘，盖史乘所未有之奇祸也。彼悍暴之德意志人一旦力穷势蹙，乞盟城下，从此六洲携手，放马销兵，吾人固祝此种亲睦之幸福，随阳和以敷散八表矣。”但他又进一步指出，一次大战之后，国人曾以为有了国际联盟，可“揭万国平和以号召一世，欲其速于实现，……然而，此种企图终不过垂诸空文而已”，“国际联盟既成之后，遂谓永久平和之幸福随之而至，吾人殊难深信”。他指出：“当第一次海牙万国平和会议之时，务期废弃战争，乃提出缩小军备之案；然而列强漠然如不闻也，朝言弭兵，夕则扩张海陆军备，不遗余力。”“纵使国际联盟既成，究亦一时姑悉之策，风云变幻，异日又因利害之冲突，能保其不再起纷争乎？”他还明确指出：“盖欲图真正永久的平和，须先泯灭一切种族偏见及破除宗教之人我执，一视同仁，强弱相扶，贫富相济，必待国际的生存之意义毕竟完成，夫然后永久平和庶几可期矣。”杨匏安最后还提出：“世之论者，辄于狂喜之下遽断世界转即平和；或云民主主义既得全胜，据单纯之理由，遂抱乐观，未始不嫌其言之过早。若夫念及太平洋之将来；则吾人尚难高枕而卧也。”表明他对列强民主主义的失望。

杨匏安在《广东中华新报》撰写的以上文章，宣传了西方新文化、新科学，甚至开始运用辩证法与唯物史观观察当今时事、社会热点，撰写时评文章。但为《广东中华新报》撰稿毕竟还只是他的兼职工作，有点零敲碎打，不可能很系统、很完整。

1919 年春，《广东中华新报》社长容伯挺与杨匏安商定，让其辞掉时敏中学的教职，来报社做专栏作家。容伯挺与陈大年十分看好虽无高学历、在办报方面也仅仅是“新人”的杨匏安，此前希望他离开澳门到广州工作就是希望匏安来加盟《广东中华新报》，共同使这份报纸成为广州倡导新文化运动的尖兵，与北京的《新青年》南北呼应；而匏安兼职报社一年多时间的表现也使他们更加欣赏他的学识与才能。当时容伯挺已酝酿，决定在《广东中华新报》开辟“通俗大学校”专版。运用报纸形式办大学，这是容伯挺在新文化运动中的创举。容伯挺曾于 1919 年 11 月 29 日— 12 月 15 日在《通俗大学校》专版发表《新闻纸论》阐述过这一方面理念，文称：“新闻纸者，综合百科大学校之通俗化者也。故谓多一善良完备之新闻纸，即不啻多一善良完备之大学校，其有裨于国民教育者，诚不可以道里计。同人惟深识其义，故相率致力于是业。”由此可见容伯挺认为报纸办《通俗大学校》，实际上也就是在为市民办另一类型的大学，以更进一步为西方新文化、新思想在市民中的传播创造条件。为此他支持杨匏安尽快脱离时敏中学的烦琐教务工作，直接投入《通俗大学校》的理论版编撰工作，与他们共同在广州办好这所传播西方新文化的公开大学校。他们三人几次深入交谈，容、陈两人希望匏安能比较系统地、完整地就一些国人比较关注的西方新学科理论写些文章。

杨匏安对容、陈两人办好《广东中华新报》，欲使该报成为新文化运动主流报纸的愿望十分支持。他追随蔡元培，在1919年5月21日至12月15日短短半年时间里，将自己在日本横滨游学期间积累的潜力迸发出来，编译了介绍新文化新思想的十万余字。其中有《青年心理学》(次日改为《青年心理讲话》)连载于5月21日至6月27日《新报》,《美学拾零》连载于8月19日至10月18日《新报》,《世界学说》连载于7月12日至12月15日《新报》。

《青年心理讲话》全文约1.5万字，在《广东中华新报》连载了32日次，是中国青年心理学最早的拓荒力作。心理学课程在我国清末刚刚开设，王国维、蔡元培是这一学科的拓荒者，对我国心理学的发展产生了巨大影响。但青年心理学的研究尚是空白，匏安则是中国青年心理学最早的拓荒者，在介绍西方心理学科学理论时他还注意引导学生理智地从事社会改造的斗争。

《美学拾零》全文约3万字，在《广东中华新报》刊登了37日次，当时中国的美学研究尚在萌芽状态，我国最早介绍西方美学思想的是王国维。杨匏安则在系统介绍古希腊以来西方多国的美学思想基础上，以近三分之一的篇幅着重介绍了近代美学大家哈特曼（哈脱门）的美学思想，较好地弥补了王国维、蔡元培的不足。多年后华东师范大学曾乐山教授撰文提出：在中国美学发展史上，“从王国维、蔡元培到朱光潜之间，应该加上杨匏安”。中山大学美学权威马采教授也指出：杨匏安着重介绍近代美学巨匠哈特曼的美学思想，“填补我国西方美学史研究所忽略了的这方面空白”。从杨匏安对青年心理学与美学理论的介绍可清楚地看到，他在引进西方新文化时十分注重学术的前瞻性。

第三节　传播马克思主义　光耀华南大地

1917 年 10 月，俄国爆发伟大的十月社会主义革命，震撼了全世界。十月革命的胜利给中国带来巨大影响，使中国先进的知识分子看到了民族解放和民族复兴新的希望。新文化运动由此有了新的内容，进入宣传十月革命、宣传马克思列宁主义的新阶段。在容伯挺、陈大年与杨匏安等人的共同努力下，《广东中华新报》成为与北京《新青年》南北呼应的重要报刊，广州也因此成为除北京、上海两大中心之外，又一个传播马克思主义的新阵地。

北京的《新青年》以一定篇幅发表了宣传俄国十月革命经验和介绍社会主义的文章。李大钊在 1918 年 7 月至 11 月先后发表《革命之比较观》《庶民的胜利》《布尔什维主义的胜利》三篇文章，1919 年元旦又发表了《新纪元》。这四篇文章的发表表明了李大钊对马克思主义与十月革命的认同，揭开了在中国传播俄国革命与马克思主义学说的序幕。《广东中华新报》在广州与《新青年》进行了南北呼应，先后刊出了容伯挺及陈大年等人的《俄国京都又大乱》《俄人废政府以兵》《俄都已归过激党》《俄国之废弃商约》等消息，1917 年 11 月 23 日又报道了十月革命的消息，11 月 26 日的短评还预言十月革命对中国的影响将“较他国为尤甚”。12 月 28 日《新报》又报道说：苏维埃“势力愈盛，地位是益巩固……将来或可统一全国”。同日还发表题为《李宁（列宁——引者注）胜利之原因》的时事述评，指出：克伦斯基已经失败，“人望尽去”；而布尔什维克“所主张之共产主义，最得平民劳动者之欢心”。容伯挺还于 1918 年 9 月 14 日在《新报》发表题为《呜呼！李宁》的短评，称颂列宁：“露西亚（即俄罗斯——引者注）之有李宁，而历史上顿增一种异彩。”

1919 年 1 月 18 日，第一次世界大战中获胜的 27 个协约国，在巴黎凡尔赛宫召开和平会议。中国作为战胜国之一，派出了陆征祥、顾维钧等 5 人为代表参加会议。但巴黎和会不顾中国提出的维护国家领土主权的三项提案，背信弃义，把德国在青岛及山东的特权，全部转让给日本。巴黎和会上中国外交遭屈辱、挫败的消息传到国内，激起各界人士的强烈义愤！

1919 年 5 月 4 日下午，北京大学、北京高等师范学校以及工业、农业、医学、政法等十几所专科以上学校的 3000 余名学生，高呼“还我青岛”“取消二十一条”“外争主权，内除国贼”等口号，冲破反动军警的阻挠，从四面八方汇聚到天安门前，举行抗议集会，并火烧签订二十一条的外交次长、卖国贼曹汝霖的家——赵家楼。一场震惊中外的反帝爱国运动在北京爆发了。

6 月 3 日，北京各校学生 2000 余人走上街头，展开反帝爱国演讲，当天有 170 名学生被捕。4 日，4000 多名学生上街演讲，又有 700 余人被捕。消息传到上海，具有光荣革命传统的工人阶级挺身而出，投入反帝爱国斗争的行列，发起影响深远的“六五”政治大罢工。在此前后，学生罢课、商人罢市，出现了声势浩大的“三罢”高潮。

中国人民的爱国热情和顽强斗争精神，极大地震撼了反动统治集团和帝国主义。北洋政府迫于压力，不得不宣布罢免曹、章、陆的职务，五四运动取得了初步胜利。

6月28日，是巴黎和会的签字日。此前北洋政府曾电令中国专使：“如期在严重损害中国主权的巴黎和约上签字。”消息传出，再次引起全国人民的义愤，驻巴黎的中国使团收到要求拒签和约的电报7000余份，旅法华侨和留学生1万多人于28日凌晨包围中国使团寓所，警告专使如与会签字，当即扑杀，并列出了偿命者名单。中国专使迫于压力最终拒绝赴会签字，五四运动取得了重大胜利。五四运动促成了马克思主义在中国大地的广泛传播。

杨匏安从1919年7月12日起至同年底，在《广东中华新报》的《通俗大学校》上以《世界学说》为总题，发表了41篇共4万多字的文章（也许还应更多一些，因为当时计划并公诸读者的是应发表200余篇，但目前搜集到的41篇文章，仅是1919年7月12日至12月15日《新报》所刊登的内容，并非《世界学说》的全部）。从这41篇文章来看，杨匏安较系统地介绍了西方多种流派的哲学、宗教观点及社会主义学说；虽然其中有些论述未必精当，但在当时的文化学术领域，却也大大开拓了人们的眼界，帮助读者从中进行比较鉴别。

其中，关于世界本体及其变化理论有《唯心论》

《唯物论》《一元论》《二元论》《多元论》等8篇，关于人的认识和意志方面有《合理说》《经验说》《感觉论》《观念论》《实证论》《实在论》《实用主义》等15篇。杨匏安在这些文章里对西方哲学及各流派的基本内容、主要观点、发展线索、主要代表人物逐一进行了全面介绍，而且对各派的相同或相异点也尽可能作出通俗、简明的阐释，并依据自己的理解发表一定的评述：肯定其真理性，同时指出错误与不足之处，探究其被取代之原因。

杨匏安在《世界学说》的撰写中，认真梳理了西方社会主义思潮的发展历程，撰写了《社会主义》《共产主义》《集产主义》《社会民主主义》等8篇文章，详尽介绍与评说了各种社会主义流派学说，以及早期空想社会主义者欧文、圣西门、傅立叶以及路易·勃朗、蒲鲁东、拉萨尔等十九世纪几位著名社会主义者的主张。

杨匏安在《社会主义》一文中，赞扬马克思的《资本论》为“社会主义圣典”，同时公开指出，“现在之社会状态，实劳动者奋起革命，以求改造之时期也”。可见，这时杨匏安已开始把马克思主义与改造中国社会的革命实践直接联系起来加以思考了。

在杨匏安以《世界学说》为总题的41篇文章中，篇幅最长也是最重要的文章是《马克思主义（一称科学的社会主义)》。这是杨匏安根据容伯挺的设想，特意与《新青年》发表的李大钊《我的马克思主义观》相呼应而撰写的，向国人比较完整地介绍马克思主义学说，对马克思主义的三个组成部分——唯物史观、阶级斗争学说和剩余价值理论进行了系统全面的介绍。该文发表于 1919 年 11 月 11 日至 12 月 4 日，陆续登载了 19 天，与李大钊发表于《新青年》的名文《我的马克思主义观》下篇差不多同时问世。这是华南地区最早系统地介绍马克思主义的文章，与李大钊的文章同为马克思主义在中国早期传播的名著之一。

杨匏安在文中高度评价马克思的两部重要著作《共产党宣言》和《资本论》在国际社会主义运动中的指导作用，开宗明义表达了作者对马克思的盛赞与对马克思主义的景仰："自马克思氏出，从来之社会主义，于理论及实际上，皆顿失其光辉，所著《资本论》一书，劳动者奉为经典，而德国社会民主党，且去来查尔而归于马氏。在近世社会党中，其为最有势力者无疑矣。"他明确指出："马氏以唯物的史观为经，以革命思想为纬，加之以在英法观察经济状态之所得，遂构成一种以经济的内容为主的世界观，此其所以称科学的社会主义也。"

关于马克思主义的哲学基础——唯物史观的基本观点，他是这样阐释的："所谓唯物的史观论，盖由实在一元论而生之历史自然科学的观察，更傅以革命色彩者也。其历史的根源，不在天之创成，而归之地之生产，以技术及经济的因子，为一切政治及精神上之历史原动；生产上之变化，即历史变化所由起，划分历史上之时期者，生产之手段，器具机械也；演出社会上之阶级者，生产之形态也；而此种阶级之战争，即人类之历史焉。"这里清楚地告诉了人们生产力（主要表现为生产工具）、生产方式是人类历史发展的原动力、根本原因。人类由于不同的生产方式而呈现不同的阶级，而人类历史正是阶级斗争的历史。阐述了生产方式是社会发展的决定力量以及上层建筑与经济基础、生产关系与生产力必须相适应的诸原理。

文中还将唯物的历史观归结为两个要点，"其一乃关于人类文化经验之说明，其二即社会组织进化论"。这样的归纳似乎是受日本学者河上肇的影响，不甚准确。但杨匏安具体的论述却基本符合马克思主义原意："人类社会生产机关的总和，构成社会经济的构造；此实为社会之基础构造。一切社会上之政治法制，及种种精神上的构造，皆随经济的构造变化而变化。而基础构造其内部亦有最高动因，以促其自己之进化，此最高动因，即生产力是也。"

“生产力与社会组织有密切的关系，生产力一有变动，社会组织必随之而变动。社会组织即社会关系，与布帛粟米无异，亦人类依生产力而产出者也。手臼产生封建诸侯的社会。蒸汽制粉机产生产业资本家的社会。社会组织即其始亦尝助长生产力的发展，然其发展的力若到社会组织不能适应之程度，则社会组织不独不能为之助长，势必加之以束缚妨碍矣。此时生产力虽受束缚妨碍，然仍发展无已，发展的力愈大，与社会组织之冲突愈迫，其结果非令旧社会组织崩坏不可，是则社会革命也。”这里基本上讲清了生产关系的总和构成了社会的经济基础，政治、法律以及社会意识形态构成了社会的上层建筑。经济基础的发展变化决定了上层建筑的发展变化。经济基础变化发展的根本原因则是生产力的发展。生产力的发展决定了生产关系的变化发展。生产关系起始是适应、促进生产力发展的，但随着生产力发展到一定程度，生产关系便不再适应生产力的发展，而且束缚阻碍生产力的发展。但生产力总是在发展，当两者冲突发展到不可调和时，便必然会发生社会革命，从而导致旧社会的灭亡。

杨匏安在文中对马克思主义的唯物史观推崇备至，他指出：“自马克思唯物的历史观既在，其于社会科学之意义，固在于指示社会生活的规则，此其所以为极有用之史学方法，又为空前的社会哲学欤!”他还指出:“自马克思倡其唯物的历史观以后，举凡社会的科学，皆顿改其面目。”从杨匏安之后终其一生的作为，我们可以清楚地看到，他是坚定不移地将唯物史观作为自己认识和改造中国社会的强大思想武器的。

关于马克思的阶级斗争学说，杨匏安写道:马克思谓阶级竞争之所由起，因土地共有制度既坏之后，经济的构造，皆建在阶级对立之上。所谓阶级，即经济上利害相反之阶级。一方为有土地或资本等生产之手段者，肆其压服掠夺，而一方则受压服掠夺者也。这里清楚地表明，阶级的划分和阶级斗争都是出于经济利益的对立，即一方凭借生产资料的占有而对另一方的压服掠夺。他还进一步指出，资本主义生产方式将是人类历史上最后一个阶级对立的社会。

这篇文章还以三分之一的篇幅介绍了马克思的剩余价值学说，揭露资本家掠夺工人剩余价值的种种方法及其罪恶;指出资本家的剥削越重，工人的反抗必愈烈，“一旦群起而取得国家之权力，改一切生产工具为国有，脱去资本家之羁绊，恢复各人之经济自由，此为解决社会经济的矛盾之唯一方法，亦即近代社会经济制度所必有之结果，是固循社会演进的程序而自然发生者也”。

杨匏安最后断言：马氏之言验矣！今日欧美诸国已悟布尔塞维克之不能以武力扫除矣！

文中似没有专门介绍科学社会主义。用杨匏安的话说，“至其社会运动论（即政策论）则见诸《共产党宣言》书中及前述之‘共产主义’，今且从略”。但他集中专题介绍了“阶级斗争”内容，应该说，这是科学社会主义学说的重点内容。另外他在本文中，起首就提到“马氏以唯物的史观为经，以革命思想为纬，加之以英法观察经济之所得，遂构成一种以经济的内容为主之世界观，此其所以称科学的社会主义也”。这段话清楚地表明了杨匏安已经看到了马克思主义三个组成部分之间的内在联系。发现人类历史的发展规律和通过剩余价值揭示资本主义生产的秘密是马克思的两大发现。正是在这两大发现基础之上，马克思使社会主义由空想变为科学。

由于这篇文章后半篇缺了四日次，部分内容有缺失。这对后人完整了解杨匏安对马克思主义的系统介绍有一定的缺憾。

正是《马克思主义（一称科学的社会主义）》的发表，让杨匏安成为中国南方真正了解、基本懂得马克思主义主要内容，并站在劳动者求解放、闹革命的立场向国人宣传马克思主义学说内容的第一人。

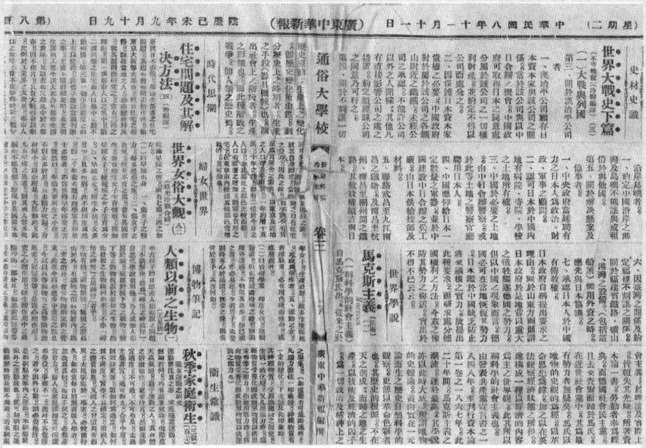

(星期二) 中華民國八年十一月十一日 (廣東中華新報) 陰曆己未年九月十九日 (第八頁)

通俗大學校 卷三

史材史識 世界大戰史下篇

世界學說 馬克斯主義

時代思潮 住宅問題及其解決方法

婦女世界 世界女俗大觀

博物筆記 人類以前之生物

衛生常識 秋季家庭衛生

(星期四) 中華民國八年十二月四日 (廣東中華新報) 陰曆己未年十月十三日

通俗大學校 卷三

史材史識 世界大戰史下篇

世界學說 馬克斯主義

時代思潮 新家庭之根本問題

學海思潮 新聞紙論

婦女世界 世界女俗大觀

衛生常識 冬季家庭衛生

1919年底，《广东中华新报》连载的《马克斯（思）主义（一称科学的社会主义）》，作者杨匏安

《马克思主义（一称科学的社会主义)》的发表，标志着杨匏安已从革命民主主义者开始向马克思主义者转变。作为南中国传播马克思主义的先驱，他的宣传活动，不但为当时华南爱国运动和新文化运动提供了新的思想武器，而且为日后广东共产党组织的建立作了思想准备。尽管他当时的文章难免有不足之处，但作为“五四”时期南中国第一个马克思主义宣传者，他的历史贡献必将永载史册。

1922 年初，在重建广东社会主义青年团之初，杨匏安为《青年周刊》创刊号撰写《宣言》时，公开表明：“我们最服膺马克思主义，因为他的经济学说能把资本制度应当崩坏的纯经济的、纯机械的历程阐明，他的革命的无产阶级学说就是指示我们实现社会主义的实际道路。”他明确宣告要与旧社会彻底决裂，“我们认定旧式的农业社会制度，是过去的，无可维持的；现在新起的工商业社会制度，是不合理的，应当改造的；所以‘社会革命’四个大字就是我们先行的旗帜”。他在《宣言》中，还努力把马克思主义与中国的国情、革命实践的指导结合起来，明确指出，中国革命除了注重劳工运动外，“尤其注重的，是农民运动”，因为“中国是一个农业国”。他还号召学生、妇女与我们团结起来，共同革命。他还指出，要“注重军队运动”，号召军人“与我们携手，从事阶级的争斗。俄国的赤军，真是好榜样啊！”他在《青年周刊》第4—7号专门连续刊登了自己撰写的《马克思主义浅说》，再一次更加全面、系统、准确地介绍了马克思主义学说的基本内容，供广大青年团员与青年知识分子学习。这时的杨匏安已经不仅是马克思主义学说的宣传者，而且成为一位在中共早期就自觉把马克思主义内化为自己的精神世界，用马克思主义的立场观点方法观察分析中国的国情实际、为彻底改变旧社会、最终实现共产主义光明前途而奋斗的早期理论家、思想家、革命活动家。

第五章

探索社会变革
施展聪明才智

第一节　结识北大学子　汲取政治能量

五四运动后，虽然容伯挺、陈大年对杨匏安影响很大，给了他在学习、比较、鉴别各种西方新思想、新理论过程中主动认识并自觉接受马克思主义的机会，并为他提供了介绍、传播马克思主义学说的平台，但容伯挺毕竟只是一位激进的资产阶级民主派人士。杨匏安迫切希望有更多信仰马克思主义、愿意从事社会革命的真正志同道合者一起学习讨论，共同寻求中华民族复兴救亡的道路。谭平山等北大三位学子的出现，使他找到了志同道合的战友。

谭平山，1886 年出生，又名谭彦祥、谭鸣谦、谭聘三，广东高明人。1909 年在两广优级师范学校学习期间加入孙中山领导的同盟会，开始投身于反对清政府的宣传活动。1910 年于两广优级师范学校毕业后，到广东雷州半岛的雷州中学担任数学教员。1912 年 1 月，谭平山在雷州被推选为广东省临时议会 96 个代议士之一，参加广东省临时议会的活动。不久，谭平山担任雷州中学校长。1916 年调到阳江中学任教。1917 年考入北京大学文科哲学门学习。在北大期间，参加了李大钊等组织发起的马克思主义研究会、新闻学研究会等组织。1919 年参加五四运动，成为五四运动的主要领导人之一，参与火烧赵家楼、痛打卖国贼的义举，曾被北京政府反动军警逮捕关押，后被释放。1920 年 7 月从北京大学毕业后，回到广东高等师范学校任教。

陈公博，1892 年 10 月 19 日出生在一个官宦之家。广东南海人，原籍福建上杭，寄籍南海。1917 年他从广州法政专门学校毕业后，考入北京大学哲学门。当时的北京大学正是蔡元培任校长时期，各方名师汇集，各种思想广泛传播。陈公博与同代人一样经历着新思潮的冲击和洗礼，吮吸着蜂拥传入中国的各种西方思想。他虽在北大哲学门担任班长，但在五四运动时，不甚积极，只是以新闻记者身份去了新华门采访。1920 年夏，陈公博结束了在北大的求学生活，带着尚不定型的新思想和急于施展才华的抱负，返回广东。

谭植棠，1893 年出生，曾用名昌泰，广东高明人。年轻时爱读《大同书》《天演论》等著作，接受进化论观点，渴望实现“天下为公”的大同世界。1917 年考入了北京大学。在学期间，如饥似渴地博览进步书刊，寻求革命真理。他从《新青年》看到李大钊发表的《庶民的胜利》和《布尔什维主义的胜利》等文章，茅塞顿开，看到了中国的前途和光明。1919 年春巴黎和会中国外交失败，帝国主义企图并吞中国的消息传到北大，北大师生举行临时大会，谭植棠参加了会议。五四运动期间参加了示威游行活动与北京中等以上学校学生联合会的宣传工作。1920年7月谭植棠从北大毕业回到广州。

在毕业那年年初，谭平山尝试以行动参与中国社会的改革事业。他与陈公博、谭植棠商议，在上海创办《政衡》杂志社。他们利用杂志社翻译出版了美国亚当·密士的《劳动问题》、日本森贤隆的《农村社会政策》等新文化书籍，同时谭平山在《政衡》杂志上发表了一系列具有战斗性与针对性的专论与时评，例如《武力统一和口头护法》《我国官僚式的外交》《我之改造农村的主张》《中国政党问题及今后组织政党的方针》等。他当时虽然还不是一个马克思主义者，但已认识到马克思主义在当代世界是一股不可逆转的历史潮流，开始学习、了解苏俄问题与马克思主义。谭植棠也在该刊先后发表了《中国历史政权中心转移之研究》《关于我国承认新俄罗斯的商榷》《和平主义最后的胜利》等政论文章，主张中国人民应与俄罗斯人民建立友好关系，认定中国必须走俄国革命的道路。

谭平山等三学子在北京大学毕业离校后，于1920年8月返回广州。谭平山临回广东时，曾与正在上海进行建党活动的陈独秀晤面。陈独秀曾是北大文科学长，与谭平山有师生之谊。陈独秀要谭平山回广东后先开展建立社会主义青年团工作。谭平山等三人返回广州后，首先分别落实自己的职业，谭平山被广东高等师范学校聘为教授，陈公博、谭植棠均被聘为国立广东法政专门学校教授，并兼授广东高等师范的课程。当时广东还在桂系军阀莫荣新统治下，虽有各种报纸十余种，但大多数浅薄、庸俗。谭平山等三人商议，首先集资 3000 元（实际筹款不足一半）筹办《广东群报》，该报设在广州第七甫 100 号，每期 1000 份左右，由陈公博任总编辑，谭平山编新闻，谭植棠编副刊。

谭平山他们返穗有意成为广东的“火种”，筹建党团组织，开展革命运动，走俄国人之路。返回广州不久，他们就在广东高等师范学校开会，发出筹建广东社会主义青年团倡议。接着，广泛接触、会见广州各方面的知名人士，寻找“真同志”。在寻找“真同志”中，杨匏安这位最早在华南传播马克思主义的进步青年当然是首选。谭平山与谭植棠主动去杨家祠拜访杨匏安与杨章甫叔侄，进行了认真的交谈，几人相见甚欢。谭平山、谭植棠知道《广东中华新报》是有政学系背景的报纸，与资产阶级革命派关系较深，但杨匏安这位在《广东中华新报》的《通俗大学校》专版上撰文，介绍大量西方新思想、新文化，甚至利用《世界学说》专栏传播哲学、各种社会主义流派思想尤其马克思主义学说的年轻文人，却给他们留下深刻印象，对他的学识、才能及对新文化、新思想的介绍之热情颇有好感，同时发现杨匏安对人总是谦虚礼让、以诚相待。谭平山主动向杨氏叔侄介绍了他们三人的简单经历，着重谈到自己接受陈独秀及李大钊的邀请返回广州传播新文化与发动群众的初衷与设想，并邀请杨匏安与杨章甫出席将在11月举行的广州地区社会主义青年团成立大会。

杨匏安初识谭平山，了解到谭平山比自己年长十岁，经历比较丰富，上北大之前就当过雷州中学校长，返粤之后又在广东高等师范学校任教，因而对谭平山颇具好感，视其为亦师亦友，十分尊重，很快地融入了他们的队伍之中。

第二节　坚定理想信念　加入中共组织

1920年10月，谭平山等人创办的《广东群报》正式出版。《广东群报》的出版，得到陈独秀的肯定与支持，他专门为该报《创刊号》写了《敬告广州青年》一文。谭平山等人利用《广东群报》发表了一系列时评文章，对广东省把持政权的地主豪绅、军阀官僚及买办的所作所为进行抨击，支持与指导广州地区的工人群众斗争，并大量发表和刊登宣传新文化、新思想，宣传苏俄革命、介绍马克思主义的文章。《新青年》曾著文高度评价《广东群报》，认为它是“中国南部文化运动的总枢纽，介绍世界劳动消息的总机关，是广东资本制度下奋斗的一个孤独子，是广东十年来恶浊沉霾空气里的一线曙光”。

根据上海的共产党早期组织的要求，谭平山等人 11 月在广东高等师范学校举行了广州地区社会主义青年团组织成立大会。青年团当时是与无政府主义的互助团合组而成，成员以高师学生居多数，另有一中、农业学校的一些学生以及一些教员和新闻界人士。杨匏安、杨章甫十分高兴地出席了这次大会。会议制定了章程，选定了职员，但没有制订具体的工作计划，章程也没标明信奉何种主义。当时知识界人士、青年学生均以讲社会主义为时髦，但参加会议人数众多，思想、观点庞杂，信奉马克思主义、无政府主义或工读主义的都有。广州地区青年团组织尽管成立时热闹哄哄、人数众多，但很快就因观念不一而难以共同活动，加上陈独秀到广州之后就发动对无政府主义的辩论与批判。1921 年三四月间，该组织不得不自行宣布解散。

当时无政府主义思潮在广州很是流行，中国无政府主义著名代表人物刘师复于 1912 年在广州建立中国第一个无政府主义团体“晦鸣学舍”后，不久又组织了“心社”，翌年 8 月还创办了杂志《晦鸣录》作为晦鸣学舍的机关刊物（第 3 号起改为《民声》）。1914 年 7 月，成立了“广州无政府共产主义同志社”，发表《无政府共产主义同志社宣言书》，主张“优悠快活以传播无政府主义”。当时广州成为无政府主义在中国传播的中心。在中国，无政府主义是一种小资产阶级的社会思潮，它把斗争矛头指向袁世凯与北洋军阀，起过一定的积极作用，在资产阶级与小资产阶级知识分子中有较大的影响。五四运动后，直到中国共产党成立初期，中国社会的民族矛盾、阶级矛盾仍然尖锐激烈，中华民族的先进分子只能在黑暗中摸索、寻觅民族复兴救亡之路，无政府主义思潮在激进的知识分子中有了一定的滋长，甚至相当一些具有初步共产主义觉悟的知识分子也在不同程度上受其影响，一些无政府主义者作为共产主义的同盟者，加入了共产主义早期组织。从北大毕业返回广州的无政府主义者区声白及师承刘师复、长期在广州从事无政府主义宣传的刘石心、梁冰弦等，在广州激进知识分子圈里颇有影响。

1920 年 9 月，曾在上海协助建党的苏联人米诺林与别斯林接受共产国际远东局的派遣，由黄凌霜陪伴，来到广州，以建立苏联通讯社（当时称罗斯塔分社，即塔斯社分社前身）为名，开展建党工作。黄凌霜，20 世纪 20 年代宣扬无政府主义的代表人物，广东新宁人，早年曾在香港学习英文，后入北京大学学习外语，是五四前后北京无政府主义团体——“实社”的发起人之一。

米诺林与别斯林经黄凌霜的引荐，与区声白、梁冰弦、刘石心等广州一批无政府主义者，共同成立了广东历史上第一个“共产党”组织——“广东共产党”。该组织由米诺林、别斯林及区声白、梁冰弦、刘石心等七位无政府主义者担任执行委员，租用永汉北路（今北京路）光光眼镜店二楼作为活动中心，开展劳工状况调查，并于 10 月创办《劳动者》周刊。在《劳动者》的第二期，第一次出现“广东共产党”这一名称。由于其主要由无政府主义者组成，与其称作“共产党”，不如称作无政府主义的民间组织。谭平山等也很快与区声白他们进行了联系，发现相互所持观点很不一致，无法统一，因而没有加入当时由无政府主义者组织的“广东共产党”。

1920 年 8 月，陈炯明率粤军在漳州誓师，10 月驱逐了桂系军阀莫荣新，重返广州，任广东省省长兼粤军总司令。他一方面镇压反对派，封闭了有政学系背景的《广东中华新报》，容伯挺被迫逃往香港避祸，陈大年也只能退出报界，当了大律师。另一方面，陈炯明竭力捞取政治资本，为标榜其“开明”形象，发函上海邀请新文化运动主将陈独秀来粤担任广东省教育行政委员会委员长。陈独秀接到聘书后，当即与北京的李大钊、正在上海的共产国际代表维经斯基等商议，决定应聘。于是陈独秀于12月16日启程离沪赴穗，维经斯基及上海的共产党早期组织的李季、袁振英同行。

陈独秀南下广州之前已于当年8月在上海组织成立了共产党早期组织。他们一行于1920年12月下旬到广州，住在南关迴龙里九曲巷一座三层楼房的第二层。陈独秀首先通过米诺林、别斯林与区声白等“广东共产党”组织成员联系并进行座谈，发现无政府主义者所持观点与马克思主义者有着本质的差别。因此，陈独秀认识到，了解认清无政府主义者的真实观点，并与无政府主义者实现在组织上的决裂和思想上的批判，真正划清界限，是广东建党首要的任务。陈独秀专门撰写了一份强调无产阶级专政的共产党组织纲领，送交“广东共产党”，要求他们进行认真的讨论、表明态度。在讨论中，无政府主义者坚决反对无产阶级专政，更不同意在党纲中写上“实现无产阶级专政”的条文，双方争论激烈，根本无法达成一致。

陈独秀于1921年1月16日在广东省公立法政学校作

了题为《社会主义批评》的演讲，提倡科学社会主义，批评了无政府主义。区声白立即写了《致陈独秀先生书》进行反驳，《广东群报》于1月22日将区声白文章予以刊登，陈独秀在《广东群报》也进行了公开的答复。一场关于无政府主义的论战遂在《广东群报》展开。谭平山等人与《广东群报》均追随陈独秀参与了这场论战。在论战中，区声白三次诘难，陈独秀三次辩驳。陈独秀还在多种场合的讲演及文章中，有力地反驳无政府主义思想与政治观点。谭平山、谭植棠、杨匏安等也在《广东群报》上刊登文章批判无政府主义，最终双方都无法容忍与对方共存于一个团体组织之内，无政府主义者宣告退出“广东共产党”，广州地区社会主义青年团也就自行宣告解散。相对全国其他地方来讲，广东信奉马克思主义的先进分子经历这场论辩，觉悟与认识有了较大的提升，更加懂得广东建党必须坚持马克思主义与无产阶级专政，也懂得马克思主义与无政府主义两者不可能混同一起。

广东这场对无政府主义者思想上的论战，对杨匏安有很大触动。他追随陈独秀、谭平山，认真投入到这场论战之中，通过进一步学习、反复思考，使自己对马克思主义学说及无产阶级专政理论、对无政府主义的“空想”实质有了更深入的认识，摆脱了无政府主义理论对自己的束缚，更加明确了自己对马克思主义的信仰与服膺。

陈独秀刚到广州时就根据李大钊的介绍，前往杨家祠，与杨章甫、杨匏安叔侄晤谈，知道了匏安撰写《马克思主义（一称科学的社会主义）》这篇文章的前前后后，勉励杨匏安要继续学习、研究马克思主义学说，为民众学习马克思主义学说多出点力。交谈中杨匏安谈到，广东青年团组织由于无政府主义观点的干扰，导致成员观点很难统一，连活动都很难进行的情况，陈独秀当即表示自己准备利用大专院校举办讲座，对无政府主义观点进行公开的论战，给以有力的批判。为此，他还邀请杨章甫和杨匏安在自己举办讲座时作粤语翻译，杨匏安当即推荐杨章甫担任。

陈独秀当时作为省教育行政委员会委员长，为了唤起工人群众，希望能在青年工人与学生中，从普及注音字母入手推广讲国语，进而宣传革命道理。谭平山在1921年初，作为省教育行政委员会副委员长，以省教育行政委员会名义在广州素波巷开办了“广东宣讲员养成所”，陈公博任所长，谭植棠为教务主任，招收、培养了一批宣讲员，并计划于暑假期间建立“注音字母教导团”，专门对一批中小学教员进行培养。谭平山向杨匏安、杨章甫建议，请他们考虑是否利用杨家祠宽敞的有利条件举办注音字母训练班，招收附近的一些青年工人与学生，从学习注音字母入手推广讲国语。他还让杨匏安、杨章甫呈文送省教育行政委员会，以便让省里批准，既可得到合法身份，也可让省教委卜拨一笔办学经费。

1921 年 2 月，“注音字母训练班”的招牌在杨家祠后座门口挂了起来，由杨匏安与杨章甫担任教员的“注音字母训练班”正式开班。杨家祠后座作为教室，后座西墙挂上一块大黑板，正中摆一张长台，并在长台两边摆了一些长条凳。第一批学员大约有 30 多人，是谭平山、陈公博从周围地区的青年工人和青年学生中挑选出来的积极分子，主要是青年团员。他们之中有梁复然、陈俊生、王铁志、郭植生、刘觉非、陈卓生等青年工人，还有阮啸仙、周其鉴、刘尔崧、张善铭等省立广东甲种工业学校的进步学生。当时令杨匏安、杨章甫兴奋的是不仅一下子聚集起那么多的青年同道者，而且遇上了在日本相识结下情谊、却又几年不知去向的潘兆銮。分别多年重逢，三人十分高兴。在杨匏安、杨章甫的教育启发下，1922 年重建青年团时潘兆銮担任了青年团广东区委劳动运动委员会副委员长，走上了革命道路。

杨匏安当时在省立广东甲种工业学校（以下简称甲工）等校还兼了一些国文课，以便通过教学了解学生的政治态度与活动能力，参与他们的活动，同时发现人才，帮助他们成长。“注音字母训练班”学员中的阮啸仙、周其鉴、刘尔崧、张善铭是省立甲工机械、织染、化学科的首届学生。省立甲工是广东工艺局的下属学校，创办于1918年，每年免费收取200名学生，分机械、织染、应用化学、美术四科。当初这些学生满怀振兴广东工业救国的豪情，考入省立甲工。但入学不久，他们对学校现实感到失望。这所称为全省唯一的培养中等技术人才的省立学校，其经费来源全靠征收花捐附加费来维持，所以妓女们嘲笑甲工的学生是由她们培养出来的。当局把甲工作为安插官僚政客的场所，对学生采取禁锢思想自由发展的封建专制办法。《广东甲种工业学校章程》明文规定：不准学生“与闻政事，加入政党，干涉诉讼”，也不准“任报界访员”，甚至还不准“私阅小说”。此外，还规定：“经教职员认为不堪造就者”“超越散步界限以外者”，均要受到严惩。

陈炯明重返广州当上广东省省长兼粤军总司令之后，情况不仅没有好转，相反他插手省立甲工事务，任命美术家高仑为新的校长，使学校情况更糟。高仑因循守旧，不但不改进学校工作，硬性维系过去的校规，还不顾学生及部分教工的反对，一味依附于陈炯明当局，更加独裁专横，甚至营私舞弊，使校务废弛，校内乌烟瘴气。阮啸仙等人决心发动学生起来斗争，他们主动与已在甲工兼课并给学生留下“青年导师”印象的杨匏安交流了上述情况，希望杨先生能为他们出点主意。匏安听了他们的想法，也结合自己在甲工兼课所看到的情况提出了自己的看法。他首先明确支持阮啸仙等同学所提出发动师生起来斗争的想法，认为只有师生共同起来斗争，才能使甲工发生变化，跟上时代进步的步伐；同时指出甲工所存在的问题并不单纯是学校自身问题，而是整个社会制度的问题。只有社会制度发生根本变化，甲工的问题才能得到根本的解决。他要求阮啸仙等明白，对甲工学校领导的抗争，很多问题会涉及省政府当局，要随时准备应对来自省政府的干涉与压制。杨匏安还特别告诫学生，发动斗争时要注意理性，提出的口号要照顾多数，不要脱离多数师生的要求与实际认识；对校长与主任也要摆事实、讲道理，坚持以理服人，争取他们的转变。他特别提到新校长高仑其人，当初在日本时也曾与自己有过一些交往，当时还是一个革命党人；不过人是会变化的，现在的作为已说明他当了官，丢弃了革命党的立场。因此，发动学生对以他为代表的学校当局进行斗争是极其必要的，同时也要注意对他的转化与争取。杨匏安还表示适当时候准备找高仑谈谈心、做做争取工作。

阮啸仙等人与匏安交谈之后，很快就成立了“校友委员会”，发动了一场声势浩大的“读书运动”，从 1921 年 4 月 12 日开始，发动学生集中讨论整顿校务问题，并要求校长出面答复。校长高仑在陈炯明的支持下，敷衍推脱，不肯正面答复，也不肯与校友委员会代表举行正式会谈。学生被迫集合起来去省政府请愿，要求省政府撤换校长，整顿甲工校务。陈炯明下令，要求甲工立即将阮啸仙等七位学生领袖开除学籍。学生则坚持斗争，以“全体总退学”与当局抗争。由于学生发动的“读书运动”所提的要求合情合理，与校长讨论如何改进校务的方式方法也相当理性、克制，学生的斗争得到学校多数教师及社会舆论的普遍同情与支持，甚至国会议长林森等一些社会知名人士也同情学生，亲自出面斡旋，致使开除学生领袖学籍的决定被全体教师参加的校务大会搁置起来，相反校务大会正式宣布恢复他们的学籍。省政府最后也被迫退让，另行委派了新校长，将高仑调走，让其去筹建广东美术馆。杨匏安事前专门对高仑进行了劝说，建议高仑主动离开甲工。这场斗争持续到 6 月 23 日，历时两个月零 12 天，终于以学生的要求得到基本满足而结束。

与无政府主义者展开论战之后，陈独秀专门邀请谭平山、陈公博、谭植棠进行交谈，商讨广东的建党问题。陈独秀说："领导民众运动，个人的领导是比不上组织的领导，就是一个小团体，也担负不起领导民众运动的历史责任，广东民众运动要获得更大的发展，必须建立一个领导组织。"他又介绍说道："北京上海各地已有共产主义集团的组织，名称就叫'共产党'。我的意见，广东也应该建立一个共产党的组织，去担负起领导民众运动的任务。"这一意见得到了谭平山三人的一致同意，广东重建共产党组织的工作迈出了新的一步。

1921 年 3 月 1 日，广州的共产党早期组织成立，因其代替了 1920 年 10 月的"广东共产党"，故也有称之为"中共广州党小组"或"中共广州支部"的。广州的共产党早期组织成立之后由陈独秀、谭平山、陈公博、谭植棠及米诺尔、别斯林等组成，陈独秀、谭平山负责，除学习马克思主义学说、研究苏俄革命问题外，重点放在把更多的同道者吸引过来，扩大组织成员。广州党组织十分重视在知识界了解、争取一些对苏俄革命及马克思主义有兴趣的同道者；在筹建工会发动罢工斗争中，发现青年工人中的一些积极分子；发动学生起来冲击封建专制文化统治，寻找一些进步学生。曾在《广东中华新报》发表过一批介绍西方新文化、新思想以及各种社会主义流派的文章，还系统介绍过马克思主义学说即科学社会主义理论的杨匏安，自然成为陈独秀、谭平山等人首先吸纳的对象。中山大学历史系李坚以及《谭平山传》作者陈登贵、巫忠都认为，广州的共产党早期组织于 1921 年四五月间吸收了刘尔崧与杨匏安。

据林伯渠在 1956 年口述回忆：“1920 年 12 月，我到了上海会见陈独秀，遂加入当时上海的共产主义研究小组。次年五六月我到了广州，又同谭平山、陈公博、杨匏安等座谈了两次，那时小组情形，只要彼此知道或经朋友介绍是研究俄罗斯问题和搞共产主义的，遇到就约个地方谈谈，没有什么章程。”据陈公博在《寒风集》中回忆：“广州共产党利用这个青年团作外围吸收共产分子，以后林祖涵、刘尔崧、阮啸仙、杨匏安都是由那个青年团慢慢吸收入党的。”由此可见，杨匏安的入党时间应是 1921 年四五月间，是中国共产党第一次全国代表大会召开前的第一批党员。

1921 年 7 月 23 日，中国共产党第一次全国代表大会在上海法租界望志路 106 号（今兴业路 76 号）开幕。由于会场受到暗探注意和法租界巡捕搜查，最后一天的会议转移到嘉兴南湖的游船上举行。出席大会的各地代表共 13 人。中国共产党第一次全国代表大会鉴于当时党员人数少、地方组织尚不健全，决定暂不成立中央委员会，先由三人组成中央局，并选举陈独秀任书记，张国焘为组织主任，李达为宣传主任。党的第一个中央机关由此产生。中国共产党的诞生，开辟了中国革命的新纪元。

中国共产党成立后，各地纷纷建立地方党组织。1921年8月上旬，谭平山在宣讲员养成所主持召开中共广东支部成立大会。会议听取出席中共一大从上海归来的广东代表陈公博传达一大会议精神，并讨论制订中共广东支部的初步工作计划。培养的几位积极分子也在这次大会上被吸收入党。中共广东支部由谭平山任书记，陈公博负责组织，谭植棠负责宣传。当时参会者除上述三位外，还有阮啸仙、林伯渠、杨匏安、张善铭、周其鉴、冯菊坡、梁复燃、郭植生、陈适曦、王寒烬、罗绮园、黄裕谦等，约20人。

按照中共中央局要迅速扩大党组织的要求，中共广东支部十分注重组织发展工作。至1922年6月，中共广东支部党员已达32人，杨章甫、郭瘦真、谭天度、施卜、黄学增、杨殷、潘兆銮、赖玉润等一批在工人运动、学生运动中涌现的先进分子都相继入党。后来根据中共中央局的统一要求，正式成立了中共广东区执行委员会，取代了中共广东支部，中共广东区委仍由谭平山担任书记，陈公博任组织委员，谭植棠任宣传委员。

自中共广东支部成立之后，杨匏安开始了职业革命的生涯。

第三节　重视思想建团　着力恢复组织

中共一大根据各地党员很少、必须增加党员的实际情况，认真讨论了发展党员的办法，并决定各地都成立社会主义青年团，从团员中选取进步分子入党。张太雷根据少共国际的指示与中共中央局的意见主持整顿社会主义青年团，制定了团的临时章程，要求各地党组织依照新章程从速进行建团工作。中共中央局与代理团中央于 1921 年 11 月向各地发出通告及团的章程。

根据中央精神，中共广东支部书记谭平山于 1922 年 1 月初主持召开整顿重建广东社会主义青年团的筹备大会，出席人员共 58 人，杨匏安出席了会议。与会者就整顿重建广东社会主义青年团工作进行了热烈的讨论。杨匏安在讨论时作了发言，他指出，广东地区社会主义青年团自成立到自行解散，不足半年，最重要的教训是两条：一是信奉什么主义不明确；二是要干什么事不明确。信奉什么不明确只能搞得团体内人员混杂，思想不一致，整天处于矛盾冲突之中；干什么事不明确，则使我们团体无长远的或短期所明确而具体的工作计划，把我们团体变成了学术争论或扯皮的“清谈馆”。杨匏安特别提出，这次重建要在章程中明确规定：马克思主义是我们团体的指导思想，社会革命是我们团体的根本任务。杨章甫颇有同感，他先前也曾多次与杨匏安交谈过青年团自行宣布解散的深刻教训，因此杨匏安话音未落，他就立即争先发言表示对杨匏安意见的赞同；并进一步建议，这次整顿重建青年团，要重点抓住团刊的出版，并在它的创刊号上发表一个宣言，明确提出我们的指导思想与团体的根本任务，统一全体团员的思想，并建议由杨匏安来起草这份宣言。杨章甫的发言得到与会者的一致赞同。与会人员均将目光投向了杨匏安，他当即谦虚地表示：赞成办团刊、发宣言，不过宣言还是请谭平山、谭植棠几位发起人来写，他们是广东团组织的几位“大家”，我可以为团刊写点个人署名文章。

最后，谭平山作总结：刚才杨匏安提出的青年团指导思想与团的根本任务这两条十分重要，思想建团正是我们这次整顿重建青年团组织的首要任务。我赞成搞一份有水平有质量的团刊，可以将其定名为《青年周刊》。杨章甫、杨匏安文笔不错，可以筹建团区委的文书部。《青年周刊》的出版放在宣传部，杨章甫年纪稍大几岁，老成些，是否除统筹文书部工作之外，再兼《青年周刊》的主编？杨匏安年轻有为，笔头很强，可以协助杨章甫负责《青年周刊》的组稿与编辑事务，至于周刊宣言的撰写也请杨匏安承担吧，就把刚才会上杨匏安及大家讲的思想建团任务进行明确阐述。同时谭平山还根据会议上大家商议的意见，提出了整顿重建广东社会主义青年团的机构设置及筹建的负责人名单。

1922 年 3 月 14 日，是马克思逝世 39 周年的纪念日，中共广东支部在广州东园隆重举行广东社会主义青年团成立暨马克思纪念大会。出席大会的有全体团员、大中学生、部分工会会员及各界来宾共 3000 多人。会议由谢英伯主持，团员代表陈公博、徐茂均及各界来宾张溥泉（张继）、戴立夫、马鸣銮等人均在会上发了言，在会议的最后谭平山就广东社会主义青年团成立的经过及将来的计划作了详细的阐述。大会还向与会者赠送了马克思纪念章和马克思学说的小册子。

同年 4 月 6 日，广东社会主义青年团根据章程，用通讯选举法选举产生了正式机构与负责人：由谭平山任书记，王寒烬、潘兆銮任劳动运动委员会正副委员长，陈公博、谭植棠任学生运动委员会正副委员长，王觉群、崔炜任农民运动委员会正副委员长，谢英伯、郑翘璧任妇女运动委员会正副委员长，余韶、王仁熙任军人运动委员会正副委员长，何寿英、邵作柏任政治宣传委员会正副委员长，陈俊生、李赓诗任社会教育委员会正副委员长。4月10日，由书记及各委委员长组成的执行委员会召开第一次会议，研究决定了团区委各部门人员的任职事项：由杨章甫任文书部主任，梁空任宣传部主任，王寒烬兼任劳动组织部主任，谭植棠兼任财政部主任，陈俊生兼任总务部主任，谢英伯、谭平山兼管地方分团。另外，安排杨匏安与谭天度（当时用名谭夏声）为文书部中文秘书，冯菊坡担任英文秘书，杨章甫兼任日文秘书，其他俄、法、德文秘书暂缺。周刊由宣传部主管，由杨章甫任主编，杨匏安协助，日刊由谢英伯、陈公博负责。至此，广东社会主义青年团区委会的领导机构就正式建立起来了。

杨匏安在参与广东团组织重建时，丝毫不在乎自己地位的高低，不计较个人的名利得失。早在1月初的预备会议几天之后，团区委办事机构人员就大致确定，其中让杨章甫担任文书部主任兼日文秘书工作，还兼《青年周刊》总编辑。当时杨章甫脸上颇有难色，觉得这样安排似对杨匏安不太公平，也担心自己兼职过多难以兼顾。但杨匏安当即就明确对谭平山等表示：“这没问题，章甫也不必多虑，我俩之间，他是族叔，又比我大两岁，平时比较善于与外人打交道，至于工作，我们可以帮忙分担，我可以多分摊《青年周刊》的撰稿与编辑工作，章甫可以重点抓好文书部的统筹及《青年周刊》的全盘筹划，这样对工作更为有利。在整顿重建广东地区青年团组织时，认真把团的周刊办好，为广东社会主义青年团树立一面鲜艳的大旗，这是克服团组织过去出现过问题的关键所在。我能按会议要求把《青年周刊》办好，就很有成绩了。”他的高洁人品及光明磊落的表态使杨章甫松了一口气，更使谭平山为之感动。

《青年周刊》创刊号于1922年2月26日出版，是广东社会主义青年团成立大会之前广造舆论的重要一环。杨匏安首先认真撰写了《〈青年周刊〉宣言》，这是重建的广东地区社会主义青年团对自己形象的正式描绘与庄严宣告。《〈青年周刊〉宣言》一开头就明确表示：“我们的宗旨是怎么样，态度是怎么样，这都是应该先向读者表示的。”接着，斩钉截铁地表示：“我们认定旧式的农业社会制度是过去的，无可维持的；现在新起的工商业社会制度是不合理的，应当改造的；所以社会革命四个大字，就是我们先行的旗帜。”在表明青年团的根本任务之后，进一步明确：“我们最服膺马克思主义！”并陈述了理由：“因为他的经济学说，能把资本制度应当崩坏的纯经济的、纯机械的历程阐明。他的革命的无产阶级学说，就是指示我们实现社会主义的实际道路。”接着，他在这篇不到两千字的宣言中努力将马克思主义同中国国情结合，明确分析了中国社会各个阶级、阶层与政治派别，提出了合乎中国国情的革命策略思想。

中山大学历史系教授李坚先生，是二十世纪六十年代从故纸堆里把杨匏安相关重要史料抢救出来的功臣，也是在全国范围较早解读杨匏安历史地位与功绩的学者。他在2002年1月30日撰写的《自我超越——五四前后的杨匏安》一文中提出，《〈青年周刊〉宣言》“表明杨匏安此时的精神状态，已远远超出1919年对马克思主义高度同情与景仰的境界，而是把它内化为自己的精神武器并加以调适，即以马克思主义的立场、观点，结合中国的实际，去观察分析社会、国家和人民的命运，并为壮丽的共产主义前途而奋斗终生”。李坚认为，杨匏安在《〈青年周刊〉宣言》中表达的观点，也“涵盖着李大钊、谭平山重视农民以及马克思主义需要根据中国国情进行调适的观点”。

杨匏安为了帮助全省青年团员学习掌握马克思主义学说，还在《青年周刊》连续发表《马克思主义浅说》。这篇近万字的文章用白话文体通俗系统地向读者介绍了马克思主义的唯物史观、阶级斗争理论和政治经济学三个组成部分，比1919年11月发表在《广东中华新报》的《马克思主义（一称科学的社会主义）》写得更为深入浅出、准确鲜明，而且突出地宣传了马克思主义最核心的内容和精髓的部分，即无产阶级革命与无产阶级专政学说。他在文中明确提出："近世生产事业，虽因为资本制度，更为发达；然而他的结果，使贫富悬隔；社会上各种不调和和罪恶，都是资本制度造出来的。所以现在的社会形态，当然要劳动者奋起革命了。"这就从马克思主义理论的高度阐明社会革命的必然性。他在文中最后说道，无产阶级"等到境遇愈迫，困难愈重，反抗的意志和运动愈剧烈"，"就联合起来，用武力夺取政权，改一切生产工具为共有，脱去资本家的羁绊，恢复各人经济的自由，这就是解决社会经济矛盾的唯一方法，也是现世社会经济制度必然的结果"。这里已蕴含了中国的革命，必须是武装夺取政权的光辉思想。

李坚教授主编，并于 1999 年 4 月出版的《杨匏安史料与研究》刊登了张孟莘教授撰写的《建党初期杨匏安对我党理论建设的重要贡献》一文。文章在列举了建党初期杨匏安对中共理论建设的几个方面重要贡献之后，还特别指出："杨匏安进行马克思主义理论宣传和理论建设的显著特点是：十分注意把马克思主义理论和中国革命实际相结合，运用马克思主义来观察和解决中国革命问题；以马克思主义作武器来指导当前斗争。"作者认为："1922 年，仅仅是中国共产党成立的第二年，马克思主义传入中国也还处于早期阶段，可是接触马克思主义并不久的杨匏安，在学习研究马克思主义过程中，对中国革命的一些基本问题，如无产阶级领导革命问题，注重发动农民问题，武装夺取政权问题，广泛发动群众问题，以及对资产阶级的政策问题等都提出了正确的看法，对中国革命进程问题也开始进行了探讨。”这些思想“闪烁着人类智慧的结晶与时代的光芒。虽然由于历史条件与个人条件的限制，他的认识还刚刚开始，他的分析也还处于初步，并不完善，有些正确思想仅仅是萌芽，有些分析还带有非无产阶级杂质。但是，他的这些宝贵的见解，和坚持马克思主义理论联系实际的学风，都对促进人民觉悟和革命进程起了巨大作用，对我党马克思主义理论建设作出了重要贡献”。

一些对《青年周刊》与广东早期团组织建设有比较深入研究的学者提到，该刊大约自 1922 年 2 月 26 日创刊到 6 月中旬陈炯明叛变之后勒令停刊，一共出版了十几期，至今为止仅收集了前面的八期。虽然不全，但总体来看，尽管总编辑是杨章甫兼任，但杨章甫因主责是团区委文书部主任，还兼做日文秘书工作，很难顾及《青年周刊》的全部工作，组稿、编辑这部分工作是由杨匏安操持的。杨匏安不仅自己亲自撰文，表达自己的观点，而且组织了

《青年自觉》《社会主义与军人》《政权不应该要的吗》等一批署名文章，共同推崇与宣传马克思主义，研究探索中国革命的基本问题，这成为《青年周刊》的一大特色。

《青年周刊》以“救生圈”自喻，把旧社会比作无边的苦海，劳动人民是苦海中挣扎的落水人，自己则是可以把劳动大众从苦海里解救出来的“救生圈”。解救的良方是引导劳苦大众“向那实现无产阶级专政的地方跑去”。它强调有两个要点是我们在进行革命中要牢牢把握的：一是“非妥协的阶级斗争”；二是“把政权归还劳动者之手”。

《青年周刊》还十分强调搞大联合、大团结，它的版头标题就是“好青年们联合起来呵！”周刊文章指出：“我们组织这个社会主义青年团，是以改造社会为最大目的”，“改造社会的事业，并非少数人所能办得了，要以社会全体共同担负这个责任，方易解决。”

《青年周刊》还有另外一个特色，它用较大篇幅介绍俄国十月革命后的苏维埃政权的情况、国外的信息、青年运动和青年团的活动情况。当时冯菊坡、王寒烬刚从莫斯科回来，杨章甫和杨匏安马上根据他俩的报告，安排专人整理成长篇游记《我所观察过的俄罗斯》在《青年周刊》上连载，对俄国的政治、经济、政策、人民生产、生活、交通、娱乐、领导与平民关系、群众组织、共产党人的作用等进行了报道，让读者可以清楚地看到社会主义的俄国不是洪水猛兽的世界，也不是极乐世界，而是地地道道劳动者的世界，苏维埃政权是劳动人民的政权。他们还明确提出，中国革命“应当效法俄国”。以俄国为榜样，走俄国人的路，中国革命就“自然容易成功”。《青年周刊》文章表示相信：“中国大革命的爆发，也一定同俄国一样。”“如果中国革命的步调倾向于俄国，这革命总快要成功。”

1922年6月16日凌晨，陈炯明发动叛变，派兵包围并炮轰总统府，扣留廖仲恺，悍然发表通电，叫嚣让孙中山下野。孙中山在广州中山舰组织平叛近两个月，终因陈炯明与帝国主义、北洋军阀勾结，南北夹击而失败，只能被迫退出广州，移居上海。陈炯明再次控制广州之后，肆意镇压反对派，秘密枪杀进步人士容伯挺，还悬赏通缉青年国际代表达林等人，查封各种进步报刊，并对共产党、青年团的活动地点实行了监控，广东青年团的组织系统均被冲垮。

当时由于中共中央局将谭平山调到北京，陈公博与谭植棠面对陈炯明对孙中山的叛变束手无策，而陈公博又于9月公开召集广州党员会议大发牢骚并表明自己不再参与广东的党团工作，阮啸仙等广东区团委领导人也纷纷离开广州去了福建，党团工作实际似已处于涣散状态。原先团组织开展的工作，如宣传员养成所、注音字母教导团、《青年周刊》等均被迫停止，党团活动只能转入秘密状态。

1922年9月，阮啸仙在去福建之前安排杨匏安担任广东区团委代理书记。杨匏安临危受命，决心把被陈炯明叛变逆流冲垮的广东团组织恢复过来，引导到中共中央的联孙反陈政策上来，真正走上反帝反封建的革命道路。他首先把广东区社会主义青年团的通信地址由素波巷转到杨家祠，同时设法与团中央及广州工人、学生与军人各条战线的团员进行联系，并适当进行了组织发展。由于1922年二三月份团组织整顿重建时片面追求数量，把佛山工会会员均算在团组织人数之内，当时广州团员410名，加上佛山由梁复然、王寒烬组织的工会会员也都作为团员，总计有2000多名。所以尽管杨匏安做了不少努力，但由于陈炯明的政治高压和工会会员的大量退出，团员人数总体锐减。这在1923年8月召开的团全国“二大”时的《关于中央执行委员会报告的决议案》中就有反映：“广东区一年之内损失二千余团员，而且几乎全是工人，组织能力可谓薄弱之至。”不公的是，这成为杨匏安担任团广东区委代书记的一条“罪状”或错误。

在孙中山收罗还忠于自己的粤军部队，并利用滇桂军阀力量，于1923年2月打回广州，将陈炯明驱赶至惠州之后，阮啸仙等返回广州，又奉陈独秀之命于1923年5月对广东团组织进行再次改组。广州团区委改组为广州团地委，选举阮啸仙、施卜、刘尔崧、杨章甫、郭瘦真为委员，周其鉴、杨匏安、罗绮园为候补委员，由阮啸仙为书记，并代行团广东区委工作。杨匏安当时实际上被撤掉团区委代书记职务，仅担任团广州地委候补委员，留在基层发动团员青年。对这一并不公允的结果，杨匏安毫无怨言、服从组织的安排，充分表现了他不争功不诿过、淡泊名利的良好品质。

第四节　深入产业工人　播撒革命火种

中国共产党成立后，十分注重实际斗争，以主要精力发展党、团组织，从事工人运动。为加强对全国工人运动的统一领导，中共中央局于1921年8月11日在上海成立中国劳动组合书记部，这是中国共产党领导工人运动的第一个公开机构。中国劳动组合书记部成立不久，相继在各地建立分部。在北京建立北方分部，在武汉建立武汉分部，在长沙建立湖南分部，在广州建立广东分部。

据不完全统计，二十世纪二十年代之前，广州地区（包括港澳两地）相对全国其他地区，有一支比较强大的工人阶级队伍。当时全国工人阶级约有 200 万人，而省港地区的近代产业工人达 30 万人，另有城市手工业及市政工人几十万人，不仅数量相当可观，而且已开始有一些自发的工人运动。据陈公博在《广州一年来之劳工运动》一文中的统计，从 1920 年冬至 1921 年春的半年时间里，仅广州一地，就爆发了包括粤汉铁路工人、广九铁路工人、革履工人等 8 次罢工。

中共广东支部第一次会议之后，在广州高第街素波巷成立了中国劳动组合书记部南方分部，由谭平山兼任南方分部（后改为广东分部）主任，作为广东共产党组织领导工人运动的公开机关。中共广东支部与劳动组合书记部南方分部重点在广州、佛山等地向工人进行宣传教育工作，组织工会、十人团，改造、扩大原有工会组织，发动、支持工人的罢工斗争。经过努力，很快就相继建立了广东土木建筑工会、佛山土木建筑工会、广州茶居工会、革履工会、理发工会、油业工会、碾谷工会等。

广东土木建筑工人要求增加工资而举行罢工，资方勾结警方进行镇压，逮捕了一批罢工积极分子。中共广东支部通过劳动组合书记部南方分部与工会动员了 3000 多名工人，包围警察局两个昼夜，迫使其释放工人，最后资方只得将工资由每天 4 角提至 6 角，工人取得了胜利。仅

1921年下半年，广东各地罢工达50次以上，广东也成立了总工会。

1921年3月，中华海员工业联合会在香港成立，这是中国海员工人第一个工会组织，其主要成员林伟民、苏兆征等均系同盟会、国民党早期成员。中华海员工业联合会于5月、11月、次年1月三次向资方提出增加海员工资要求，均遭资方拒绝。相反，各轮船外籍海员工资却增加了15%。这更激起香港海员工人的愤怒，1922年1月12日下午5时，香港海员工人在林伟民、苏兆征的带领下，正式宣布罢工，并发布“罢工宣言”和“停工规则”，号召全体海员“万众一心，共同奋斗”。一个星期内，参加罢工的轮船已达123艘，罢工人数约6500人，孙中山与国民党广州政府对罢工给予了一定的支持。港英当局采取强硬的镇压手段，2月1日封闭了中华海员工业联合会，强行拆走工会牌子，拒不答复工人的要求。这次香港海员因经济诉求而发动的罢工，原与中共广东支部并无联系，但中共广东支部得知香港海员罢工并遭到港英当局镇压之后，于2月9日公开发表《敬告罢工海员》书，希望海员做到：一、“坚持到底”；二、“团结一致”；三、“严守秩序”；四、“注重自治”。并表示“本党以海员为开始阶级斗争的急先锋。定当竭其能力，为之后援”。中共广东支部将《敬告罢工海员》制作成传单3000份在广州街头散发，还在广州组织了“香港罢工后援会”，做香港返穗工人的后盾，并以广州素波巷的“宣讲员养成所”作为海员罢工的联络通讯处，负责收转国内外“香港罢工后援会”的捐款与信件。谭平山在广州多次向报社发表声明，强烈抗议港英当局与英帝国主义的罪行，坚决支持海员工人的正义要求。杨匏安等香山籍的中共党员在支部的统一安排下，组织、带领一些积极分子走上街头演讲，对罢工表示支持，当同是香山同乡的苏兆征率领罢工海员返回广州时，他们主动地进行接待、帮助安置。

中共中央局通过中国劳动组合书记部在上海设立“香港海员罢工上海后援会”，号召全国工人声援与配合香港海员斗争，并出面阻止欲到香港做工的江浙沪等地工人，挫败港英当局及外轮船东从上海招募船员去香港以破坏罢工的阴谋。中国劳动组合书记部还派干事李启汉专程去港慰问罢工工人，积极联络香港各行业工人团体，动员各方对罢工海员给以实际的支持。

2月28日，香港海员罢工发展成为香港全体工人反对帝国主义压迫的总同盟罢工，参加罢工的有邮局、银行、酒店、茶馆、菜市场、造船、电车、轮渡、报馆、印刷、屠宰等众多行业，人数达10多万。由于罢工工人无法在香港维持生计，只能返回广州，但港英当局悍然禁止轮船出港、下令火车停驶，罢工工人只得步行返回广州。3月4日，几千名手无寸铁的罢工工人步行返回广东时，竟在九龙沙田上水火车站附近被港英军警悍然开枪射杀，死6人、伤数百人，酿成“沙田惨案”。3月6日，谭平山在《广东群报》发表《港政府枪毙华工》一文，愤怒谴责港英当局，希望广州政府继续支持工人，“以最光明磊落的态度，发表堂堂正正的主张”。港英军警的暴行激起全港工人、市民的更大愤慨与同情，“各业罢工者日增”，“港地商业，全行停顿，华人皆已离职”，香港陷于瘫痪状态。

港英当局与轮船资本家最后只得屈服，基本接受了罢工工人的要求：分别增加工资15%～30%；实行新的雇用船员办法，以减少工头的中间盘剥；抚恤“沙田惨案”死者家属，赔偿伤者医药费；释放被捕工人；恢复被取缔的“中华海员工业联合会”，派专人送回被抢走的工会牌匾，挂回原址。香港海员大罢工从1922年1月12日起至1922年3月8日止，历时56天，它的胜利揭开了中共成立后第一次全国工人运动高潮的序幕。

1922年5月2日，第一次全国劳动大会在广州召开，开创了中共领导全国工人运动的新时期。5月5日又在广州召开了社会主义青年团第一次全国代表大会。当时广州成了全国革命群众瞩目的“圣地”。杨匏安也在斗争中得到了锻炼，与海员等产业工人建立了革命的友谊与真正的联系，这是杨匏安革命生涯的一个重要节点。

在香港海员罢工之后，杨匏安先后去了广九铁路和粤汉铁路发动工人。他于 1922 年 7 月至 1923 年 6 月担任中共广九铁路的支部书记，发动了一批积极分子如工人周祯、伍昌等，改组了原为广东机器工会控制的广三铁路车务工会，成立了接受中共领导的广三铁路临时工会。由杨章甫、梁复然于 1922 年秋介绍入党的杨殷，是广州盐务稽核处师爷、孙中山先生的翠亨村同乡，早年追随中山先生，曾任中山先生的侍卫副官。中共广东支部考虑到杨殷在同盟会、国民党内有较广泛而密切的联系，有较高的威信，决定派他去广州铁路系统及军工系统开展工人运动。杨殷就把家搬到了铁路附近，还把他两个堂弟派进铁路系统做工，加强同工人的联系。杨殷与杨匏安都是香山人，出生地相距不远，据说还有点亲戚关系，之前也有些联系，因此他们入党之后相互赏识对方，很快就在发动、领导工人斗争中配合默契。杨殷出面推荐杨匏安担任粤汉铁路局广州分局编辑部主任，负责编辑《铁路公报》等刊物。杨匏安有了这一合法身份，更加便于深入工人群众之中，了解他们的生活疾苦，启发他们的阶级觉悟，鼓动他们起来斗争。在杨殷与杨匏安等人领导下，铁路工人通过斗争提高了觉悟，加强了团结。不久，相继成立了广九铁路总工会、粤汉铁路总工会、广三铁路总工会。1923 年中共粤汉铁路党支部成立，粤汉铁路广州分局所辖范围较大，一直到韶关地区，杨匏安担任了中共粤汉铁路的党支部书记。

杨匏安与杨殷以及梁复然、罗绮园等人在这段时间还一起去石井兵工厂调查情况，得知该工厂工人收入本应较高，但受到厂长马超俊与工头的欺压盘剥，工人群众及家属极其不满。杨匏安与杨殷决定发动工人组织“十人团”，公开揭露马超俊及工头的丑行，开展罢免马超俊的斗争。最后经孙中山的批准，迫使马超俊辞职。此后，中共广东区委又派刘尔崧、周文雍及罗国杰等去石井兵工厂建立中共党支部开展工作，石井兵工厂成为中共在广州军事机关中的重要争夺阵地。海员、兵工厂工人、铁路局工人是纯粹的产业工人，是工人群众中最富有组织纪律性、最富有革命性的一部分。杨匏安在参加革命之初就与产业工人紧密联系，正是与这些产业工人的友谊与联系使他较快地成为工人阶级先锋队组织中当之无愧的一员。杨匏安这位中共早期党员在把马克思主义理论带给工人群众的同时，也在产业工人及其环境的熏陶中不断提升自己。

由于杨殷、杨匏安在铁路及兵工厂打下的良好基础，1924 年 3 月 5 日由国民党中央工人部出面，召集广州各工会代表 1000 余人开会，一致表示愿意建立统一的工会组织。5 月 1 日，广州 70 多个工会召开广州工人代表会议，正式成立广州工人代表会，选出 17 人组成执行委员会，其中 9 人是中共党员。常委会由刘尔崧、鲍武、黄天伟、周桢（均系中共党员）、麦锦泉五人组成，并聘杨殷为顾问、中共党员孙律西为秘书。

第六章

致力国共合作
指导省港罢工

第一节　发展统一战线　筹建粤省党部

随着中共党员和革命青年不断地加入国民党，1924 年 1 月 20 日至 30 日，在中国共产党的参加和帮助下，孙中山在广州主持召开了国民党第一次全国代表大会。大会对三民主义作出顺应时代潮流的新解释，确立了联俄、联共、扶助农工的三大革命政策，标志着第一次国共合作正式形成。

国民党“一大”之后，杨匏安担任国民党中央组织部秘书，协助中共中央局驻粤委员、国民党中央执委会常委、组织部部长谭平山负责组织部日常工作。按照国民党中央组织条例，各部不设副部长和次长，秘书在部长请假或缺席时，代行部务。1924 年 11 月，杨匏安担任国民党中央组织部代部长一职。

共产党员以个人名义加入国民党后，在全国积极创立和发展国民党的组织。国民党的组织由广东、上海、四川、山东等少数地区和海外，发展到全国大部分地区；工作由长期大多停留在狭小的上层社会，发展到广泛的下层群众中，全国大部分地区以共产党员和国民党左派为骨干改组或建立了各级国民党的组织。这样，国民党就由资产

1924 年，国民党广东省党部执委合影（后排右二为杨匏安）

阶级的政党开始转变为工人、农民、城市小资产阶级和民族资产阶级的民主革命联盟，成了各革命阶级的统一战线组织。国共合作实现后，以广州为中心，汇集全国的革命力量，很快开创了一个反对帝国主义和封建军阀的革命新局面。

1925 年 5 月 8 日，中共中央局决定成立中共中央广东区临时委员会，代表中央局就近指导广东一切实际工作。中共中央广东临委及中共广东区委任命中央驻粤委员谭平山担任中共驻国民党中央党部党团书记，杨匏安为副书记，负责指挥在国民党中央党部工作的中共党员、青年团员，努力改造中国国民党为国民革命的大本营，建设统一、巩固的广东根据地。

蒋介石 1956 年在台湾出版了由他自己署名、据说是陶希圣为他起草的《苏俄在中国》，其中专门提到当年在组织部任职的杨匏安："杨是一个纯粹的马克思主义者，于是组织部就在其共产党的控制之下，由他利用这一关键地位，来执行其渗透工作。"这并非蒋介石对杨匏安在国民党内的所有工作的全面评价，但从中也可以看出，杨匏安当时在国民党中央党部的作用与影响力确实非同小可。

1925 年 6 月 6 日，滇桂军队首领杨希闵、刘震寰部与陈炯明等军阀勾结，在广州发动军事叛乱。中共广东区委在广州展开大规模的宣传活动，动员组织民众支援革命军镇压叛军。东江地区农民协会动员组织了 3000 多人的运输队协助东征军回师广州，北江清远农民自卫军 200 多人协助湘军运输，南下广州。中共广东区委还直接参与、支持武装平叛，杨匏安等人在广州芳村的永乐园建立中共广东区委应变秘密指挥部，组织广州郊区农民自卫军阻击叛军。杨匏安亲自深入广三、广九、粤汉铁路，发动三条铁路工人同时宣布联合罢工，将机车开离广州，使铁路交通全部中断，叛军无法按刘、杨调兵计划到达指定地点。石井兵工厂虽在叛军控制之下，但全体工人以要求增加工资的名义进行罢工，停止生产，断掉了叛军的子弹供应。6 月 11 日革命军发起总攻，6 月 13 日取得平叛的全面胜利，杨希闵、刘震寰狼狈逃往香港。广东革命根据地进一步得到了巩固。

1925 年 10 月 1 日，国民政府举行第二次东征。蒋介石任东征军总指挥，周恩来任东征军总政治部主任，杨匏安以国民党中央组织部的名义，立即任命周恩来兼任东江各属党务组织主任，指导惠（阳）潮（州）梅（县）属下各县党务工作及汕头市党部的重建。同时，国民政府派李济深率第四军从紫金回师讨伐盘踞在广东南路的军阀邓本殷，中共广东区委抽调青年团广东区委书记张善铭为第四军政治部主任。杨匏安还与谭平山一起在广州动员、组织力量，支援东征及南讨。他以国民党中央组织部或国民党广东省党部组织部名义抽调多名中共党员、青年团员组织宣传队随军宣传东征、南讨之意义，发动军民支援国民党军队的征讨，并抽调杨石魂、廖其清先期进入潮汕，黄学增、韩盈及王文明、杨善集等先期进入南路及琼崖，发动民众，配合东征军于 11 月初攻克惠州、海丰、陆丰、潮梅各县及东江，配合南讨军于年底攻克南路各地，次年 2 月收复琼崖，真正统一了广东根据地，实现了军政、财政、民政的统一，为日后的北伐创造了有利条件。

建立国民党广东省党部，是建立巩固广东革命根据地的重要保证。杨匏安在国民党中央组织部工作期间，还兼管广东省国民党党部的筹备工作。到 1925 年 10 月，在杨匏安等人的直接努力下，国民党党员人数不断增加，广东省的国民党党员已发展到 76000 人，外省的党员 80000 人，海外党员 50000 人。国民党中央执行委员会常委兼组织部部长谭平山主持召开的国民党中央执行委员会第 109 次会议，决定尽快筹建广东省国民党党部，并决定由中央组织部派出 7 人，秘书处和青年、工人、农民、商民等部门各派 1 人，共 12 人组成筹备处。1925 年 10 月 11 日，广东省国民党党部筹备处正式成立，15、16 日两天召开预备会议，会议讨论确定了一些重要问题：代表大会议事规则由筹备处秘书处修改，代表资格由中央组织部、工人部、青年部、农民部等派员（出席代表大会的代表不能参加）审查，宣言起草由毛泽东、黎樾廷、李谷珍三人组织起草委员会修订，政治报告决议案由杨章甫、谭桂芳、罗伟疆组织起草委员会审定，中央党务报告决议案由杨匏安、李霞举、颜国璠组织起草委员会审定，各地方党务报告决议案由工人部秘书刘尔崧组织各地方代表团一人参加审议，农民运动报告决议案由彭湃、阮啸仙组织各地方代表团一人参加审议。

1925 年 10 月 20 日，国民党广东省第一次代表大会在国民党中央党部开幕，大会推选谭平山、林伯渠等 4 人为主席团，谭平山代表国民党中央执行委员会致辞，并作全国党务工作报告。26 日大会选举，有投票权的代表共 283 人，当日出席代表人数实为 254 人，向大会介绍的执行委员候选人 27 人，监察委员候选人 15 人。通过选举，共选出执行委员 9 人：何香凝、刘尔崧、彭湃、杨匏安、陈公博、甘乃光、陈孚木、范其务、罗国杰；候补执委 5 人：谭桂萼、邓一舟、黎樾廷、林近亭、罗伟疆；监察委员 5 人：伍朝枢、宋子文、古应芬、李济深、杨其珊；候补监委 3 人：陈铭枢、马洪焕、刘栽甫。11 月 4 日，在国民党中央党部举行国民党广东省党部执行委员会第一次会议，由甘乃光主持、中央委员谭平山出席，会议决议推选陈公博、杨匏安、甘乃光为常务委员，以陈公博为主席。组织部部长杨匏安，宣传部部长甘乃光，农民部部长彭湃，工人部部长刘尔崧，商民部部长范其务，青年部部长陈孚木，妇女部部长何香凝，书记长谭桂萼。几天后又先后通过两次会议决定任命组织部秘书谭桂萼，宣传部秘书陈克文，妇女部秘书邓颖超，商民部秘书刘中悟，工人部秘书潘兆銮，农民部秘书何友逖，青年部秘书黎樾廷，并逐步配备一些干事及宣传员、指导员、录事等，广东省国民党党部筹建成功。

广东省当时是中国国民革命的策源地，又是国民党发动与推进北伐战争的主要根据地。国民党广东省组织部在杨匏安的主持下，认真整顿与健全部务工作报告制度与会议制度，使组织部工作逐步制度化、规范化，面貌焕然一新。国民党改组前，只在省一级才有支部，市县均无基层组织。国民党“一大”之后，由杨匏安主持日常工作的国民党中央组织部已派员到广东一些市县担任筹备员筹建地方党部，到全省党代会召开期间，正式成立的市县党部就有中山（香山）、顺德、汕头、佛山等 13 个市县，还在筹备的市县有东莞、潮安等 23 个市县，还未派人前去筹备的市县仍是大多数。

省党部成立之后，全省已经基本统一，盘踞在东江与南路的陈炯明、邓本殷部已近肃清，且轰轰烈烈开展起来的省港大罢工也推动了全省工农学商兵的大团结，掀起了反对帝国主义列强斗争的高潮，广州已真正成为全国大革命运动的中心。省党部组织部抓住这个大好时机，加派干部到全省各市县积极努力扩大国民革命的宣传与组织工作，约一年时间，国民党党员已发展到 20 万人，其中统计的数字为 183695 人，已是省国民党一大召开时党员人数的 13 倍，另有北海、英德等 10 个市县未统计。党员中以工农成分占了大多数或首位，其中农民成分党员 69871 人，占党员总数的 37.6%；学界党员 39867 人，占党员总数的 20.6%；工人成分党员 35483 人，占党员总数的 19.3%；商界党员 18158 人，居第四位；以下依次为自由职业界、军界、警界、政界、医界。全省正式成立党部的市县有 79 个，正在筹建的有 16 个、特别区分部 2 个，正在改组中的 3 个，尚未派人指导的仅有 5 个。

为了加强对广州、佛山、中山、韶关等地以外比较偏远的各市县党务工作的领导，广东省党部还先后建立了潮梅、惠属、南路、琼崖四个特别委员会，选派了一些优秀分子去充实领导力量，整顿组建各级国民党基层组织。彭湃、邓颖超、赖先声等中共党员为潮梅特别委员，潘兆銮、林丛郁、谭竹山等为南路特别委员，肖鹏魂、冯明光等为惠属特别委员。在国民党基层党部领导下，广大党员与工农学生群众积极投入反对列强驱除军阀的各项斗争，先后开展五卅惨案周年纪念、沙基惨案周年纪念、反对关税会议重开运动、总理逝世周年纪念和廖仲恺逝世周年纪念等各种活动，尤其以援助省港大罢工的斗争最为激昂热烈，声势浩大。

第二节　奔走穗港两地　把握罢工方向

1925 年 5 月 1 日至 7 日，第二次全国劳动大会在广州举行，出席大会的代表共 281 名，代表工会 166 个，有组织的工人 54 万多人。这次大会正式成立了中华全国总工会，统一领导全国的工会组织。第一届执委会由林伟民任委员长，刘少奇、邓培、郑泽生任执行副委员长，邓中夏任秘书长兼宣传部部长，李启汉（即李森）任组织部部长，孙云鹏任经济部部长，总工会设在广州。中华全国总工会的成立，有力地推动了全国工人运动的发展。

1925 年 5 月 15 日，上海日本纱厂资本家枪杀中国工人、共产党员顾正红，打伤工人 10 余人，激起全市工人、学生和市民的愤怒，这一流血事件成为五卅运动的导火线。5 月 30 日，上海学生 2000 余人在租界内宣传、声援工人斗争，并号召收回租界。英国巡捕逮捕爱国学生 100 余人。随后，万余民众聚集在公共租界南京路巡捕房大门外，要求释放被捕学生。英国巡捕悍然开枪镇压，打死 10 余人，伤几十人，还逮捕了几十人。

“五卅惨案”激起了全国人民的公愤。上海的工人、学生、市民英勇地举行了罢工、罢课与罢市斗争，反帝烈火很快燃遍了全国各地。

5 月 31 日晚上，中共广东区委召开党团员大会，决定发动广东人民起来声援上海人民的反帝爱国斗争。中共广东区委鉴于全国第二次劳动大会举行时，港九各工会团体已与全国总工会建立了联系，拟由中华全国总工会出面组织发动香港工人举行罢工，直接给“五卅惨案”的制造者英帝国主义以有力的打击，不过考虑到当时滇桂军队还在广州蠢蠢欲动、平叛斗争迫在眉睫，只能将这场罢工斗争推迟到平叛之后。6 月初，中华全国总工会党团书记、总工会秘书长邓中夏与苏兆征前往香港开展工作。邓中夏与苏兆征等人在香港召开了党团员会议、各工会代表的联席会议，决定发动香港工人举行大罢工以响应、支持上海“五卅运动”，并成立了香港工人罢工指挥部即“香港工团联合会”；同时，也了解到工人最担心的是罢工以后，回到广州的生活安置问题。

邓中夏于6月11日回广州向谭平山、陈延年等报告了发动罢工的有关情况，一是港九罢工罢课酝酿已近成熟，形势非常顺利，势在必发；二是一旦爆发，“罢工工人即将成群结队回省，如何做好罢工工人接待问题，是当前最重要紧急的任务”。

中共广东区委与全总指定李森负责筹备接待罢工工人的工作，决定于西瓜园设全总接待罢工工人办事处，李森任主任，并在广州、深圳、江门、石岐分设接待站。拟在广州市分区设立宿舍饭堂，宿舍需通过廖仲恺先生的关系，借用会馆及启封烟馆赌馆拨用；饭堂则就各区住宿处采用包饭制。当时杨匏安也在场参与研究，当即决定由杨匏安与邓中夏去同廖仲恺直接联系商议。

廖仲恺当时既是国民党中央党部工人部部长，又已确定出任拟于7月1日正式成立的国民政府财政部部长。经过与廖仲恺协商，最后由李森、冯菊坡、梁桂华、梁九等组织广州的一批党团员及工会积极分子按上述要求筹备各项接待工作；同时决定由杨匏安作为廖仲恺的代表，专程去香港向各工会及罢工工人明确表示对罢工的支持，督促广州国民政府对香港工人返回广州之后的食宿等作出安排。

杨匏安同邓中夏于6月13日赴香港，会同先期到达香港的苏兆征、杨殷和国民党中央工人部驻港特派员、中共香港支部书记黄平等，按照中共广东区委与中华全国总工会和广东革命政府商定，在平定刘杨叛乱后，正式发动省港大罢工的意见，组织策划、部署省港大罢工各项工作。中共中央广东临委指定苏兆征、邓中夏、杨殷、黄平、杨匏安五人成立中共党团作为省港大罢工的领导核心。

由于当时香港的工会组织有130多个，且派别林立，从大的方面划分可分为三大派，直接接受国共两党指挥的仅是其中的一部分；香港地区的中共党员、团员仅仅20余人，且多是青年学生，应该说发动这场以港九为主（还有广州的沙面）的工人大罢工实属不易。杨匏安五人党团成员精心策划、严密部署，他们深入各个工会团体之中，深入细致地、有针对性地做各工会负责人及工人群众的工作。杨匏安还以廖仲恺代表的特殊身份，在全港工团代表联席会议与党团员、积极分子会议上，向工会领袖及工人作出由广东国民政府负责向工友们提供交通及食宿保障等的承诺，从而有效地消除了罢工工人思想上的一些顾虑。

6月19日，震惊中外的省港大罢工爆发。按计划先由可以接受中共指挥的中华海员工业联合总会、电车工会、华洋排字工会、洋务工会等工会团体宣布罢工，再引导、迫使中间的、偏右的工会响应参与，起落货工会、煤炭工会、汽车工会等几十个工会陆续宣布罢工。当时，仅有香港华人机器会因其会长韩文惠是港英当局的走狗，拒不下达罢工命令，但党团早已有所准备，派了党团员前去，在工人中直接开展宣传发动工作，工人主动响应、参加罢工。罢工开始后，工人们的生活安置是个大问题。在台北国民党中央党史馆收藏的档案中，保存有一封杨匏安发给廖仲恺的电报（档案号：部 14874），内容为："鉴工人留此极多，请即与广九局交涉，速开专车来圳。"这是要求国民党尽快派广九线专车来将罢工的工友接回广州，以便妥善安顿。杨匏安在参与组织发动香港工人、学生起来罢工罢课之后，留在香港抓紧做一些善后工作，准备尽快返回广州。

7 月 1 日晚，正当杨匏安和胡萌在海员戴卓民家商量工作时，港英当局警察破门而入，将他们几个逮捕关押于监狱。7 月 3 日，广州出版的省港罢工委员会机关报《工人之路》（特号）第 10 号发表"杨长官被捕"的大字消息，省港罢工工人闻讯无不义愤填膺，纷纷集会声讨港英当局，更激励了大家反帝爱国罢工的斗志。国民党中央党部、广东国民政府也立即委派时任外交部部长的胡汉民出面与港英当局交涉。由于港英当局并没有找到杨匏安犯罪的证据，又受到香港与广州舆论的压力，在将杨匏安关押50天之后，只得于8月20日将其释放出狱，不过仍是“强行驱逐出境”。杨匏安出狱之后，受到省港罢工工人的热烈欢迎与亲切慰问。省港罢工委员会机关报《工人之路》作了连续报道。8月20日，刊登了中华全国总工会组织部长、省港罢工委员会干事局干事长李森在省港罢工工人代表大会上的讲话：“有一件是值得我们欢喜的，就是杨匏安先生已被释放来省了。匏安先生是为这次罢工很出力的人……我们加入这位有力的助手，更操胜算了。”同月24日该报还用三号大字加框，发布《欢迎杨匏安先生出狱》的特别新闻：“杨先生现已由澳门经行到省。大家闻之当必有无限之愉快”。在广州的香港罢工工人准备盖搭牌楼来欢迎他，要求他迟一两天等牌楼搭好再回广州，他未同意，匆匆赶回了广州。省港罢工委员会还拟于8月25日在省教育会举行欢迎大会，但杨匏安认为发动工人罢工是自己应做的工作，被捕坐牢也算不了什么，不同意为欢迎他举行专门会议，故表示婉谢。

8月27日，在省港罢工工人代表大会第十八次会议上，杨匏安应邀发表演说，当他出现在讲台时，全场与会代表起立、并向他行鞠躬礼，以表对他的热烈欢迎。他在讲演中只简略说及自己被捕一事："自从6月13日去香港，做罢工的运动，那时罢工事情，已略有头绪；不料触了帝国主义者的忌，遂于7月1日被英政府押去了，同时有胡萌、戴卓民诸同志，都被押去。惟是那时候各工友都觉悟了，都抱着一番热烈牺牲的精神，不顾艰难，不顾私家，一致起来反抗帝国主义，做不合作的罢工运动，这是值得喜欢的一件事。"他根本不提自己在港英当局的监狱中的痛苦遭遇，而是专门谈到"最近有一极伤心的事，我们最伟大的罢工领导廖先生，不幸被那勾结帝国主义者的反革命派刺死了。我们唯一的保护人被刺，几乎我们都被刺一样，罢工事情，亦几乎为之动摇。可幸党军及政府委员，连日将凶手捉获了好几个……这一点，是值得安慰的。以后我们当努力奋斗，誓达打倒帝国主义的目的，继续廖先生的遗志"。他在讲演中盛赞罢工工人，"这次罢工工友，能够这样牺牲奋斗，团结一致，和罢工委员会的组织，实在令人佩服万分了"，丝毫不提及自己个人对罢工运动所起的作用。他针对香港工会组织存在的问题直言不讳地提出批评改进的意见：一是工会领袖、工人对罢工的意义认识不足，以为"捐些款接济他们便是"。因此他特别希望要大力宣传这次罢工的政治意义，"凡属中国人，想反抗帝国主义的，都应参加”。二是“工会组织未甚完善，工会领袖与工人之间，隔离太远”致使“迟速不能一致”。“故以后要非常留意这一点，使之灵敏而坚固”。他强调指出，现在“不是空谈的时候了，我们唯有实行奋斗”！他的讲演简短有力，对罢工工人很有鼓动性与教育意义。

省港罢工工人代表大会于 9 月 6 日一致通过决议，聘请杨匏安为省港罢工委员会顾问。不久他又兼任香港罢工工团宣传学校名誉校长。

省港工人大罢工期间，杨匏安特别重视积极参与、尽力调动国民党中的左派、中派力量支援罢工工人，最大限度地扩大工农联合、工商联合、工学联合，结成最广泛的反对英帝国主义及港英当局的革命统一战线。大罢工初期，刚对香港实行封锁时，罢工委员会曾提出“反对一切帝国主义”的口号，不加区别地对各帝国主义国家实行全面抵制的政策，抵制一切外国货，禁止所有外国船只进入广东各个港口，以致海外交通完全断绝，连外币也一律不准使用，等等。这种“四面树敌”的做法，虽然打击了帝国主义国家与港英当局，但也中断了广州地区正常的对外贸易活动，“这样一来，这种封锁不只是封锁了香港，而且封锁了我们自己”。

当时国民党上层人士及商界人士对此是有非议的，杨匏安在实际工作及社会交往中也听到了一些不同的声音，感受到一定的压力。他在公开场合始终大力支持省港罢工工人起来斗争，处处维护省港罢工委员会的政策措施，帮助他们与国民党中央党部及国民政府协调关系；同时也广泛听取国民党各种人士的意见、建议甚至批评及不满，主动与谭平山、陈延年、廖仲恺、邓中夏、苏兆征、李森等人反复商议，也与鲍罗廷进行了充分的讨论。之后，省港罢工委员会内部经过多次商议，认识到帝国主义国家不是铁板一块，五卅惨案和广州沙基惨案（6 月 23 日）的罪魁祸首是英国，我们应当在斗争策略上进行必要的调整，集中力量打击当时最主要的敌人英帝国主义。

省港罢工委员会充分运用罢工、封锁、抵制洋货三项措施作为有力武器，同帝国主义展开斗争，并在斗争中认识到要善于利用各帝国主义国家之间的矛盾与争斗。为了集中力量打击英帝国主义，同时更好地团结民族资产阶级，保证广东的米、煤及日用品的供给，7 月底省港罢工工人代表大会第七次会议确定了“单独对英”的策略，决定在“特许证”的基础上，再进而提出“善后条例”，并进一步具体规定：“凡是英国船及经过香港澳门的任何货物均不准来广东，从广东去的任何国家货物均不准去香港。

1925年，省港大罢工期间苏兆征、陈延年、杨匏安（右一）等合影

凡是英国轮船，及经过香港澳门之任何国籍船只，均不准来往广东内地起卸货物；凡不是英货，不是英船及不经过香港澳门的，均可自由起卸；广东境内只要不是英国货英国船，均可自由贸易自由来往；凡存在广州之货，只要不是英国货，而且不是英国人的，均可开仓发卖。”罢工委员会还专门发布优待华侨通告，特别指出：“华侨对于此次向帝国主义罢工，极尽热烈之援助，忠心爱国甚可钦佩。”“凡属华侨回国概予优待，毋得仍前疏忽，是为主要，毋违。”罢工委员会“单独对英”的策略实行之后，取得了很大的成功，香港总督史塔士于 8 月被撤职。这是在罢工工人沉重打击下，港英当局政治破产的表现。这个策略的改变，得到了美、德、日本等国的欢迎，也受到广东工商界和各行各业的欢迎，促进了广东经济的发展，为进行北伐战争提供了有力的保证。

罢工初期依靠罢工工人纠察队实行武装封锁，第一阶段是局限于珠江口一带，东起深圳，西至前山、湾仔（现属珠海市）。后来由于广东政府收复了东江、南路，封锁线扩展到广东省沿海 19 个港口、绵延了千里海岸线。杨匏安在担任了广东省国民党执行委员会常委兼组织部部长之后，更加积极动员全省国民党县市组织发动、组织全省工农学商军等各界人士和民众，举行各种集会与巡行，声援省港大罢工。正如杨匏安在国民党广东省第二次代表大会上的报告中所说："援助省港大罢工——去年自从上海发生五卅惨案后，各地的爱国运动纷纷举行，香港工人素处在英帝国主义者铁蹄之下，横受种种压迫，受了'五卅'惨声的催促，便群起罢工回国，以谋抵制，声援'五卅'惨案。各地民众极表同情，尤以广东民众表示热烈的欢迎，发起援助省港罢工大运动，为物质上精神上的援助。现在五卅惨案已逾一周年了，各省的爱国运动逐渐宽弛，然而广东的民众，还始终如一，坚持其凌厉无前的精神，继续与帝国主义奋斗，在中国民族革命运动史上，是最光荣的一页。"

中共广东区委和中共广东区委监委在省港大罢工中发挥了重要作用。中共广东区委监委成立于1925年。当时任区委书记的陈延年鉴于国共合作之后广东党内一些同志进入国民党中央或各级党部工作，还有一些从事工会运动的同志在与中外资本家打交道时被腐蚀拉拢、违反党章党纪的现象，逐步提高了对党内蜕化变质现象的警觉。陈延年去过苏联，了解苏俄共产党在20年代初已由列宁亲自建议设立了党的监察委员会，了解苏共建立权力颇大的监察组织的政治目的，因而在1925年1月他担任中共广东区委书记后，领导进行了区委的改选工作，并在配置区委各部门（组织、宣传、青年、妇女、工运、农民、军委等）与秘书长的基础上，筹建了中共广东区委监察委员会，这是中共第一个地方纪律监察机构，开创了中共纪检监察工作的先河。广东区委监察委员会由林伟民任书记，杨匏安、杨殷、梁桂华、冯菊坡等人为委员，杨匏安后任副书记。中共广东区委监察委员会的成立，是中国共产党加强纪律建设的新探索，也是党的执纪监督工作的新突破。

中共广东区委监委成立之后不久，省港工人大罢工爆发。监委负责人林伟民、杨匏安与杨殷均直接参与省港大罢工的发动和组织领导工作，其中林伟民是全国总工会委员长，而省港大罢工正是由全国总工会及全总党团直接出面主持领导的，省港罢工委员会正是由林伟民主持的省港罢工工人第一次代表大会讨论通过的《省港罢工委员会章程》并选举产生的，并在苏兆征缺席的情况下，选举了苏兆征为委员长并兼财政委员会委员长。

省港罢工委员会下设秘书处、干事局、财政委员会、会审处、审计局、法制局、纠察队等许多机构。其中，财政委员会负责为罢工筹款募捐、保管和支配罢工经费，审计局负责对收支账目进行审查，会审处则负责惩处违反纪律、规章和破坏罢工等行为。经费收支使用情况都要向省港罢工工人代表大会定期报告。

中共广东区委监察委员会旧址（广州）

罢工委员会定期收到广东国民政府拨款，同时随时根据需要，与广州各有关慈善机关及大型企业联系，发动捐款，筹措工人御寒、充饥的衣物伙食款项，还主动与海外华侨及全国各地联系，收取捐款。正是在中共广东区委监委的指导监督下，财政委员会建立了一套比较完整且严格的财务监督制度：全部财务收支包括募捐棉衣棉被的款项均由财政委员会管理，定期将筹款经过及用款等具体账目在罢工工人代表大会上公布，还必须印成“账目专刊”定期送各工会团体审查。

现存的《省港罢工工人代表大会第100次纪念刊》(省港罢工委员会宣传部编，1926年）上刊载了这样的信息：——苏兆征在10月10日召开的罢工委员会第八十五次会议上报告筹捐棉衣棉被款项结果及购置棉衣棉被计划：“议决购制棉被二万张，每张重四斤，长五尺二寸，阔三尺四寸。开投底银价每张一元八角，以低价者承领制造。”会后还登报于10月14日当众开投。后来共缝制棉衣总计4万件，棉被2万床，土布松花褥子1万床等。1926年3月31日，苏兆征在工人代表大会第100期会议纪念大会上报告说：“计此次罢工共收有290余万，华侨占190多万，内地六七十万，总共支出280多万，现在尚有余存。”代表们一致表示满意。一些别有用心者曾几次在工人代表大会上发难，敌对势力更是曾收买歹徒纵火焚毁东园罢工委员会的办公场所，但由于制度严密，专门清点审查结果证明罢工委员会所有财政账目“均属毫无差错”。

由于省港大罢工持续时间长，参加人数多，维持工人生活的经费开支每天需要七八万元，罢工委员会在一年中所募集到的经费高达490万元之巨。为了管理好这些工人的“养命钱”，工人代表大会在成立后的9个月中，曾先后举行了100次会议，共通过了285项决议，其中撤革职员、查办或惩戒舞弊者的决议就有46项，规定职务与防范舞弊的决议有31项，整顿纪律的决议有80项。

在被严肃处理的一批违纪分子中，包括省港罢工委员会会审处主任谭华泽。谭华泽是林伟民昔日的老朋友、老上级，曾任香港海员工会会长。他在担任罢工委员会会审处主任职务后蜕化变质，公然营私舞弊，接受贿赂，纵容走私。林伟民、苏兆征等没有姑息迁就，毅然把他交给罢工工人代表大会审查清算，撤销其职务并进行关押。

正是在中共广东区委的领导下，在中共广东区委监委的指导与监督下，省港大罢工坚持了16个月，取得了重大的胜利，在中华民族解放运动史上写下极其光辉灿烂的一页，在国际工人运动史上也是空前未有的伟大创举。省港大罢工沉重地打击了帝国主义，促进了广东革命政府的稳固与广东革命根据地的统一，为国民革命向全国的发展和北伐战争的胜利奠定了基础。

第七章

坚持初心不改 痛击反共逆流

第一节　参与处理“廖案”　反击右派进攻

1925年省港大罢工爆发两个月后，发生了廖仲恺被刺案。

廖仲恺是孙中山的重要助手，坚决执行联俄、联共、扶助农工三大政策的左派领袖，任国民政府委员兼财政部部长、中国国民党中央执行委员会常委兼工人部部长。他在孙中山去世后两个月发表《革命派与反革命派》一文，形象地描述了一批老右派的嘴脸，使邹鲁、孙科、胡毅生、林直勉、朱卓文等国民党老右派受到很大刺激。他们对廖仲恺恨之入骨，有的甚至蓄谋用暗杀手段除掉廖仲恺。

廖仲恺明确表态支持武力解决陈炯明与滇桂军阀，坚决支持省港工人罢工，还担任了省港罢工委员会顾问。在1925年8月18日国民政府会议上，汪精卫写张条子给廖仲恺：有人将对你不利。廖仲恺当即表示：为党为国而牺牲是革命家的夙愿，何有顾忌！8月19日，又有人将确切消息告诫廖仲恺，廖仲恺回答：“值此党国多难之秋，个人生死早已置之度外，所终日不能忘怀者，为罢工运动及统一广东运动两问题尚未解决！”

8 月 20 号上午，廖仲恺和夫人何香凝去中央党部出席中执委第 106 次会议。大约 9 时半，当廖仲恺在国民党中央党部门前登至第三级石阶时，遭国民党右派所指使的几个暴徒“迎面用手枪射击”，大门铁栅内也有暴徒同时开枪，廖仲恺身中四弹，在被送医院途中身亡，时年 48 岁。

廖仲恺被刺后，国民党中央执委会、国民政府委员会、军事委员会立即派汪精卫、许崇智、蒋介石三人组成特别委员会，授以“政治、军事、警察全权”，处理廖仲恺被刺事件。同时设立特别法庭，由李章达、谭桂萼、杨匏安三人为审判委员。国民政府还派朱培德、陈树人、甘乃光、周恩来、岳森、吴铁城、陈孚木、李福林、陈公博九人组成检察委员会，由朱培德为主席，负责检察事宜。当时现场抓获的凶犯仅陈顺一人，其已被卫士打伤，其余凶犯逃跑。经过审讯，陈顺供认，谋杀案系由朱卓文“主谋贿买”，主谋还有胡毅生、林直勉等人。廖仲恺被刺那天正是杨匏安从香港转道澳门、前山返回广州的那天，他得知廖仲恺被刺身死非常震惊，愤怒万分。自 1923 年 10 月参与国民党改组开始，他同谭平山一起与廖仲恺多次交谈和接触。这次改组恰恰又是廖先生主动要求将组织部部长这项工作交给谭平山负责，因此杨匏安、谭平山两人与廖仲恺平时工作联系很多，负责组织部日常工作的杨匏安更是经常主动向廖仲恺请教过去国民党上层活动及交往的情况，在考虑国民党各大区执行部、各省党部、海外党部及广东一些县市党部人选的重要安排时，往往先主动征询廖先生意见。有时白天工作繁杂未能在党部办公室谈，就晚上抽时间去廖公馆求教廖先生。听闻廖仲恺被刺，杨匏安立即赶到廖公馆，对廖夫人何香凝表示诚挚慰问，听取廖夫人对这一事件的经过情况介绍及处理安排的意见建议，并赶回中央党部与谭平山等人进一步商议善后工作。

事发当日，鲍罗廷就立即要求拿办胡汉民、邹鲁、邓泽如、胡毅生等有嫌疑的官员，实行广州全城戒严，但未被采纳。在谭平山、杨匏安、周恩来等人不断催促下，广州卫戍司令部到 8 月 25 日才派军校教导团逮捕了林直勉、梁鸿楷、张国桢、梁士锋、谭启秀、杨锦龙、招桂章等十余人。8 月 31 日，在中共中央致唁电国民党中央后，杨匏安积极认真地审问归案的凶手及同案犯，追查廖案相关情况，并提出抓捕在逃案犯的要求。

9 月 1 日，广州市各界群众 20 万人参加了廖仲恺的葬礼。出殡那天，廖仲恺灵柩从越秀南中央党部推出，缓缓地推向沙河顶临时墓地，他的遗体暂厝在他的好友、也是为实现自己的革命理想而被杀害的朱执信墓旁，直到 1935 年 9 月 1 日才迁葬于南京中山陵侧。廖仲恺灵柩所经道路和附近街道人山人海，送葬队伍有党政军官员和各界民众20多万人，阶层之广泛、行列之浩大、情绪之悲愤，在广州是空前的。送葬队伍最前列是巨幅的横额，上面写着“精神不死”四个字。葬礼之后，何香凝把“精神不死”挂在家门口，让廖先生不朽的精神指引后继者前进。

这次廖案的处理过程中，由于中共的坚决态度及积极参与，尤其是杨匏安、周恩来等同志的积极努力（周恩来、杨匏安还亲自审讯过凶手），对国民党中的老右派势力给予了沉重的打击。但由于廖案牵涉的人很多，线索杂乱、背景复杂，又由于有国际恶势力介入等原因，究竟谁是主谋元凶，众说纷纭。这场廖案的追查也导致国民党内的权力被重新“分配”，胡汉民、许崇智因廖案原因被迫离开了广东，排除在国民党中央统治层之外。这给一些以“左派”“中派”面目出现的“新右派”提供了地位不断上升的空间。如汪精卫就取代了胡汉民成为国民党事实上的最高领袖；而蒋介石则因设计了驱赶许崇智出粤之计，并于1926年1月将黄埔军校改为中央军事政治学校，隶属国民政府军事委员会，而取得了国民党最高军事领导权。杨匏安当时既对廖仲恺先生被刺后国民党当局政治的变动状况颇为担忧，同时又对被苏俄及共产国际领导一直寄予厚望的汪精卫及蒋介石这几位“政治明星”趁机冉冉上升存有疑虑。杨匏安对谭平山等人多次说过："蒋介石是个滑头仔。我们对这些'中派人士'还是要多加留意，要听其言，观其行！"

刺杀廖仲恺事件是在国民党"一大"实现国共合作之后，国民党内一群老右派坚持反对孙中山先生的三大政策的大背景下发生的。1925 年 3 月孙中山先生逝世后，他们更肆无忌惮地进行分裂活动，以国民党元老自居，极力散布分裂国民党和反对国民政府的言论，还胁迫北京执行部召集中央执行委员会全体会议，遭到李大钊、于树德等人拒绝。于是他们在北京商议自行召开中央执行委员会，并电告汪精卫、谭延闿等人。1925 年 11 月 23 日，国民党中央执委林森、覃振、石瑛、居正、邹鲁、石青阳、叶楚伧，候补执委邵元冲、沈定一、茅祖权、傅汝霖，中央监委张继、谢持、吴敬恒共 14 人在北京西山碧云寺集会。他们宣称举行"第四次中央执行委员会全体会议"，会议由林森主持，开了 22 次会议，到 1926 年 1 月 4 日结束。会议通过了一系列非法的、反动的决议：取消中共党员在国民党的党籍，明文规定开除中央执委谭平山、李大钊、于树德，候补执委毛泽东、瞿秋白、韩麟符、于方舟、张国焘等人的党籍；解除鲍罗廷顾问职务，开除汪精卫国民党党籍 6 个月；等等。会议通过的宣言、决议、通电及文书共72份，中心就是“解决共产派”。人们将这批人称之为“西山会议派”。西山会议之后，他们在上海自立“国民党中央党部”，创办《江南晚报》为其宣传喉舌。“西山会议派”不断变本加厉的分裂活动，遭到了广州国民党中央党部及各省国民党人的反对和斥责，当时谭平山、杨匏安立即依靠中共驻国民党中央党部党团同志开展积极的工作，主动联系、团结国民党左派、中派人士对西山会议派的分裂活动进行了有力的斗争。1925年11月27日，国民党中执委汪精卫、谭延闿、谭平山、林祖涵、于右任、于树德、王法勤、丁惟汾、恩克巴图，候补委员瞿秋白、韩麟符、于方舟、张国焘等在广州发表通电，反对西山会议的召开。并决定于12月11日召开国民党一届四中全会，安排国民党左派人士路友于等人专门审查西山会议派错误，并拟在1926年1月召开的国民党“二大”上提出弹劾，严肃处理西山会议派问题。11月30日国民党政治委员会免除邹鲁广东大学校长职务，于12月2日决定召回北上外交代表团主席林森。12月27日，汪精卫、谭延闿致电林森，指出西山会议于党于法皆不合，于国尤不利。与此同时，国民党北京执行部、上海执行部，江苏、广东、福建、浙江、湖北等省党部，海外各总支部、港澳总支部，广州及汉口特别市党部，宁波、虎门、佛山、郑州等市党部，国民革命军第二军特别党部，农民运动讲习所特别区党部等，纷纷通电，要求从严惩处西山会议派。1926 年 1 月在广州举行的国民党“二大”，更是给“西山会议派”以彻底打击。

1926 年 1 月，杨匏安作为广州特别区的正式代表出席国民党第二次全国代表大会。国民党“二大”在国共合作、共同推进中国国民革命的过程中具有重要的意义。为协助国民党开好这次大会，中共中央在参加会议的中共党员中专门成立了中共党团，指定谭平山为党团书记，党团干事共有 11 人，包括谭平山、张国焘、高语罕、恽代英、毛泽东、林祖涵、吴玉章、杨匏安、韩麟符、夏曦、于树德。(据周恩来在一份报告中讲，中央派张国焘为党团书记）中共党团直接受中共中央局的领导及监督，“最少每天要集合一次”。当时陈延年、周恩来、谭平山、杨匏安等人，曾向中共中央提出建议：在这次国民党“二大”中，要打击右派，孤立中派，扩大左派，也就是在大会选举中央机构时要多选左派，少选中派，争取中共跨党党员与左派人士在中央执行委员会中占优势；同时开除戴季陶、孙科等新右派的党籍。陈独秀等中央局领导与维经斯基商议后并没有接受陈延年、周恩来等人要使中共党员在新选的中央执委中应占三分之一的建议，相反仍然坚持要加强国共团结，反复动员戴季陶、孙科等老右派去广州出席国民党“二大”，表示中国共产党无意包办国民党。

大会推选了汪精卫、谭延闿、邓泽如、丁惟汾、谭平山、恩克巴图、经亨颐（因其缺席，改推宋庆龄）7人为主席团，吴玉章为秘书长。国民党中央在1925年11月12日就成立了代表资格审查委员会，由谭平山、邓泽如、林祖涵、毛泽东等5人组成。当时出席大会的代表256人，实际到会198人，其中中共党员100人左右。又成立了国民党“二大”提案委员会，成员共16人，其中有杨匏安、董用威（必武）、邓颖超、黄学增、黄平、吴玉章、张国焘、包惠僧等8位中共党员及国民党左派路友于等人。国民党“二大”一致通过了“谨以至诚接受总理遗嘱，并努力履行之”决议；并决定在观音山上建一中国国民党第二次全国代表大会接受总理遗嘱纪念碑，以垂永久。大会还通过了《中国国民党第二次全国代表大会宣言》，适时修改了党章，并通过了一系列促进国共合作与国民革命的决议案。廖仲恺被刺案，在国民党“二大”上受到特别重视，原审判委员会只有3人：李章达、杨匏安、谭桂萼，以致力有不逮，几乎停顿。在杨匏安向大会报告“廖案审判委员会不能开会，请协助案”之后，经会议代表的质询和要求，大会决议增派林祖涵、王懋功、沈应时、卢兴原为廖案审判委员，协同办理。当日，国民政府接受上项议决，下令加派上述四人为廖案审判委员，并限于本月内结案。

这次大会还于1月13日专门听取了路友于《关于弹劾西山会议审查报告》，并于1月19日通过了《弹劾西山会议决议》，给予谢持、邹鲁永远开除党籍处分，给予居正、覃振、林森、邵元冲、张继等12人书面警告处分，“对戴季陶以个人名义发布《国民革命与中国国民党》，……大会训令促其猛省，不可再误”。会议还作出《处分违犯本党纪律党员决议案》，对于西山会议派兼有其他违犯党纪行为者给予除名、警告等各种处分。这给国民党右派势力以沉重打击。总的来看，国民党“二大”主要打击了老右派势力，但对新右派的警觉及识别比较模糊，甚至一定程度上给了蒋介石等新右派以可乘之机。蒋在当时表现得相当“左”，往往让人分辨不清。他公开表示“国民党的同志，对于共产党，尤其不可有反对的，因为我们要晓得，‘反共产’的口号，是帝国主义用来中伤我们的。如果我们也跟着这么唱‘反共产’的口号，那不是中了帝国主义的毒计吗？”

1926年1月16日下午，大会进行中央执监委的选举，推定詹大悲、杨匏安、韩麟符、韩克温、胡秉铎、马天民为监票员，冯拜言、韦义光、甄邦翰、莫云龙为收发票员，许甦魂、杨闇公为开票员，张企留、胡宏让、刘醒华、斐文英、卓薛汉为记票员。1月18日上午，大会报告第二届中央执行、监察各委员决选结果，其中执行委员36名，候补中央执行委员24名；中央监察委员12人，候补中央监察委员8人。中共党员谭平山、林伯渠、李大钊、于树德、吴玉章、杨匏安、恽代英7人为中央执委会委员，毛泽东、许甦魂、夏曦、韩麟符、董必武、邓颖超六人为候补中央执委，高语罕为中央监察委员，江浩、谢晋两人为候补监委。

1月22日，国民党二届中央执委、监察委员举行一中全会，推举蒋中正、汪精卫、谭延闿、谭平山、林祖涵、胡汉民、陈公博、甘乃光、杨匏安9人为中央执委会常委，推举张静江、高语罕、邓泽如、古应芬、陈璧君5人为中央监察委员会常委。其中，谭平山、林祖涵、杨匏安及高语罕均为中共跨党党员。在中央常委会之下设1处8部，组成中央党部：（1）秘书处，秘书谭平山、林祖涵、杨匏安，书记刘芬。（2）组织部，部长谭平山，秘书杨匏安。（3）宣传部，部长汪精卫（未到任），代理部长毛泽东，秘书沈雁冰。（4）青年部，部长甘乃光，秘书黄日葵。（5）工人部，部长胡汉民，秘书冯菊坡。（6）农民部，部长林祖涵，秘书彭湃、罗绮园。（7）外事部，部长彭泽民，秘书许甦魂。（8）商业部，部长宋子文，秘书黄乐裕。（9）妇女部，部长何香凝，秘书邓颖超。在选举中，由于共产国际、苏共中央及中共中央的政策导向，在当选的中央执行委员中，国民党左派连朱培德、谭延闿都算在内才 14 人，而右派、中派却有 15 人，就连孙科、戴季陶、胡汉民、伍朝枢、萧佛成等老右派都当选了。

杨匏安在国民党第二次全国代表大会中发挥了重要作用，不仅是中共党团干事、提案审查委员会委员，在选举过程中还是重要的工作人员，经过他与谭平山、林伯渠、吴玉章等共产党人的共同努力，与宋庆龄、何香凝、邓演达、柳亚子等国民党左派紧密合作，会议还是取得了一定的成功。中共中央对此次大会给予很高评价，指出国民党“二大”“表示中国民族运动的成功”“表示出国民党左派之胜利”。

杨匏安在中央执委会选举中高票当选为执委会成员，并当选为九常委之一、中央党部秘书处（3 人）秘书，与谭平山、林伯渠共同主持国民党中央党部日常工作，继续在谭平山担任部长的中央组织部任秘书，协助主持国民党中央组织部工作。

从以下两则史料中，可见杨匏安当时诸多工作之“一斑”：

1926年2月26日，国民党中央常务委员会开会，妇女部长何香凝提出开办妇女运动讲习所。会议决议指定何香凝、杨匏安、沈雁冰、甘乃光、阮啸仙5人为审查员，审查妇女运动讲习所的章程草案。

1926年3月，杨匏安与林伯渠曾共同署名，以“中央执行委员会常务委员会”名义给毛泽东下达委派其为农民运动讲习所所长（第六期）函：

迳启者：

本月十九日本会第十三次常会，农民部提出请委派毛泽东同志为农民运动讲习所所长案，经即决议照准，相应函达，查照此致毛泽东同志。

中央执行委员会常务委员会

杨匏安　林祖涵

第二节　置身政治漩涡　应对复杂局面

1926年3月20日的“中山舰事件”，似乎是一起突发事件。蒋介石到了黄埔军校，却突然收到海军局长李之龙“中山舰已到黄埔，可否返回广州”的请示。由于中山舰开到黄埔，蒋介石事先并不知道，这引起了多疑的蒋介石的猜忌，中山舰的调来调去是否有汪精卫与刚调来的苏俄军事顾问季山嘉“阴谋”的影子？原与蒋交往比较友好的鲍罗廷于1926年初被调回莫斯科，军事顾问加伦则去了冯玉祥处，新来的军事顾问季山嘉似与汪精卫不错，而对蒋介石则不甚满意并公然反对蒋介石的北伐主张。这似乎是理解蒋介石在中山舰事件发生后一系列举动的一个重要角度。蒋介石当时极其愤怒，回到黄埔军校立即采取行动：组织部队逮捕李之龙，宣布黄埔戒严，扣押了中山舰等海军舰只，同时把苏俄军事顾问及国民革命军第一军中的中共党员软禁起来，并收缴了省港罢工工人纠察队的枪支。

当时，杨匏安、陈延年、周恩来、毛泽东等中共党员对蒋介石的做法极其愤懑，主张予以坚决反击。国民党的汪精卫、邓演达、谭延闿、程潜、李济深及一些将领也纷纷表示不满，颇有与蒋介石较量一番的态势。但当时正在广州参观访问的苏联军政代表团团长、时任苏共中央书记和苏联红军政治部主任的布勃诺夫却意外地采取轻率的态度，同意蒋介石调走季山嘉等的要求，这应该是当时苏俄共产党高层“息事宁人”的一项基本认识与政策。杨匏安等人虽然与陈延年、周恩来等广东区委领导人的认识一致，但也不可能有机会让他们放手与蒋介石一搏。

这一突发事件之后，曾在汪精卫床前开了一个政治委员会的会议，汪精卫、谭延闿、苏联顾问都发了言，表达了歉意，而蒋却一言未发，似乎精神上占了优势，取得了政治上的成功。汪精卫觉得未能得到苏联的支持，使他自己里外不是人，先是借病躲在广州不见人，后干脆请假出国养病。而蒋介石则以中间人的身份“各打五十大板”，先是宣布“误会”，释放了李之龙，再就是不痛不痒地处分了几个同党，然后充分利用苏联方面的退让，重点批评指责了汪精卫与季山嘉。这使蒋介石自己在国民党内地位之争斗中更加有利，不仅取得了最高军事指挥权，而且还获得与汪争夺政治最高地位的资格。4 月 16 日，国民党召开中执委与国民政府委员联席会议，改选了国民党中央政治委员会主席与军事委员会主席，由谭延闿与蒋介石分别取代汪精卫担任了国民党中央政治委员会主席与军事委员会主席。

由杨匏安等人组成的中共驻国民党中央党部党团在这一突发事件发生后处于尴尬境地，对蒋、汪的政治立场及真实态度、目的不知如何评价，对他们之间相互的争斗该抱何种态度，对蒋介石等人限共措施能否一味退让以达到真正团结的目的，杨匏安等人无法作出决断。虽然对蒋、汪这两位所谓的“中派”一直颇有疑虑，主张听其言、观其行，不可过于轻信；但杨匏安个人作为中共党员，又无法公开直言，国共之间的关系已不仅是中共自己党内的问题，自己只能在组织与行动中服从共产国际、俄共及中共中央的指示，即便违背自己个人的意愿或认识，重大问题也必须按苏俄顾问的意见办理，因此他当时也常常感到十分苦恼。

蒋介石在国民党“二大”特别是“中山舰事件”之后，在政治舞台上尤其活跃。当时，相当一部分同情西山会议派的国民党高层人士如张静江、吴铁城、孙科、伍朝枢、邵元冲、叶楚伧等人，开始要求蒋介石进一步限制中共在国民党的权力，甚至要求蒋介石让中共完全退出国民党“党、政、军、学各机关”。

1926 年 4 月 29 日，联共（布）中央政治局会议对国共关系作出决定：“国共破裂问题具有头等重要的政治意义。这种破裂是绝对不允许的。必须实行让共产党留在国民党内的方针，至少在共产国际例行代表大会召开之前，以组织关系作任何改变都是不允许的，而且对于国共两党来说都是危险的。”同时明确表示：“要让国民党右派离开（或将其开除出）国民党；要在内部组织上向国民党左派作出让步，重新安排人员，以便基本上保持目前的组织关系。如果在当地查明，主张在组织上同共产党人划清界限的运动很强大，并且两党关系有严重冷淡的危险，那就把这个问题尽快提交共产国际讨论。”

中共驻国民党中央党部党团与广东区委多数同志认为蒋虽讲几句革命语言，实际上是在为右派服务，是典型的新右派，主张要与其斗争一番。鲍罗廷既要做蒋的工作，不致过分限制中共在国民党内的权力，以免破坏国共合作大局；又要劝说中共党团的谭平山、杨匏安及广东区委的陈延年、周恩来等对蒋介石特别不满的几位中共代表接受国民党调整党务的做法。张国焘、彭述之当时奉中共中央之命，专门前来广州指导驻国民党中央党部中共党团，实际上也是应苏俄顾问鲍罗廷要求而安排的。当时，中共驻国民党中央党部党团以及广东区委根本不同意当时对国民党的一再退让，更不用说接受国民党的“党务整理案”。周恩来在后来的回忆中就曾讲到，是否接受党务整理案，就“讨论了七天，毫无结果”，而且彭述之翻来覆去，“引经据典地说这个不行，那个错误”，最后还是由“张国焘用了非常不正派的办法要大家签字接受”。

鲍罗廷认为，“3・20 事件”之后蒋介石处境困难，蒋介石必须对孙文主义学派或共产党人左右两方面采取措施。中派和右派（孙文主义学派）要求蒋介石继续排斥共产党人甚至左派，不断迫使蒋介石对共产党采取越来越强硬的措施，甚至进一步要求“共产党人应该退出中共”，以好的国民党“左派”（即纯粹的国民党员）身份工作，蒋在某种程度上已成为他们的俘虏。鲍罗廷认为蒋介石是被迫向中派和右派作出让步，甚至“违背”本人的意志反共，蒋介石实际上仍然一再保证，他始终是革命者，永不背叛革命等，是客观的局面迫使蒋介石越来越右。这就是鲍罗廷对蒋介石要求召开 5 月 15 日的中央全会，并提出“调整同共产党人关系”一系列决议案的考量。这些决议案明显缩小共产党人在党内权力，但鲍罗廷认为蒋的目的不过是使国民党阵营及军队保持平静。这就是鲍罗廷“自以为是”“一厢情愿”地对蒋介石的评价。

正是根据蒋介石等人的提议，也由于鲍罗廷及中共的不断退让，国民党中央执委会于 5 月 15 至 22 日在广州召开二届二中全会。这次会议实际上是一次限制与打击中共力量的会议。而中共方面根据共产国际、苏俄共产党的指示，也在认可国民党内部以蒋介石为代表的所谓中派实则为新右派势力限制中共的措施，甚至在考虑可以不当国民党中央党部部长的问题了。蒋介石在会议之前就集合了若干人士提出了旨在排挤共产党的“党务整理案”。这是针对中共党员在国民党中的活动而提出的，其核心就是限制中共在国民党内的活动，削弱共产党人的权力，以打击共产党及国民党左派势力，为右派篡夺国民党的党政军领导权鸣锣开道。

这次会议的结果是，蒋介石篡夺国民党最高权力的阴谋得以进一步实现，中共党员在国民党中央党部的地位遭到重挫，通过国民党“二大”好不容易才取得的一些进展被剥夺殆尽，蒋介石的“把兄弟”张静江担任了国民党中央执委会常务委员会主席，蒋介石接替谭平山担任了中央组织部部长，并兼任了军人部部长，陈果夫接替杨匏安担任了中组部秘书，顾孟余担任了中央宣传部部长（原由毛泽东代理宣传部部长），甘乃光接替林伯渠担任农民部部长，叶楚伧接替刘伯垂（刘芬）担任中央党部秘书处书记。

国民党二届二中全会之后，一批原在国民党中央党部各部门担任重要职务的共产党员纷纷离开了国民党中央党部。杨匏安也不再担任中组部秘书职务，但他仍是国民党中央执委会委员、常委，仍是中共驻国民党中央党部党团副书记，也是国民党广东省执委会常委、组织部部长，根据中共的要求仍留在广州国民党中央党部与省党部工作。

蒋介石在国民党二届二中全会后为了掩盖其反共的真实用意，采取两面派手法，一方面委派陈果夫担任中组部秘书，让其取代杨匏安接手中组部部务工作，陈果夫“奉命与丁惟汾、顾孟余两同志商量”，采取多种手段，尽快改变原中组部被谭平山、杨匏安“操纵”，“完全在共产党之手”的现实（陈果夫《十五年至十七年从事党务工作的回忆》中用语）；另一方面，为了麻痹中共与杨匏安本人，在陈果夫“接杨匏安之职务时，部长（指蒋介石——引者注）曾关照有事多与杨商量”。从陈果夫回忆材料中可以清楚地看到，表面上陈果夫很尊重杨匏安，但实际上采取调进所谓“可靠人士”加入组织部，或收买利诱原组织部工作人员背叛中共为其所用等手段，控制组织部。到“迁到南昌之时，部中仅留有共党三个，其余都是本党纯正的同志了”。从陈果夫回忆材料的字里行间，也可使我们从另一角度看到杨匏安在大约半年多的时间里，坚持留在国民党中央组织部，对一些不利于中共的举措根据规章据理力争，并采取适当方法进行调整与规避，以尽可能减少中共的损失。

五卅运动后，广州革命政府决定用革命战争结束国内军阀割据和军阀混战的局面，把国民革命从珠江流域推向全国。1926 年 7 月，国民革命军在广州誓师北伐，一路斩关夺隘，势如破竹，雄兵首定“芙蓉国”，继而一鼓作气，连克武汉门户汀泗桥、贺胜桥。在形成了对武汉的战略包围态势后，北伐军于9月6日、7日占领了汉阳、汉口。10月10日，武昌城在被围困40天后也终于被北伐军占领。至此，武汉三镇全部克复。

北伐军在两湖战场上取得彻底胜利。广州革命政府的势力随之迅速扩展，“打倒列强，除军阀”的歌声从珠江唱到了长江，中国政局发生了重大变化。

1926年10月16日，国民党中央执行委员、各省区代表（十四省区、四个特别市、十一个总支部）共计80人举行联席会议，杨匏安、毛泽东、宋庆龄、邓颖超、吴玉章等都出席了会议，会议重点讨论了国民政府发展议案等。当时以蒋介石为总司令的北伐军正进军江西，蒋介石、孙科等人的意见是国民政府应立即迁都武汉，因为革命力量已发展到长江流域，武汉已成为政局的中心，那里人心未稳，更需要中央北迁。蒋介石内心认为中央北迁，既可借以统制实力正在膨胀的唐生智，又可阻止汪精卫回国取得国民政府领袖地位。但国民党内另一种意见认为，现在两湖初下人心未定，江西战事胜负未分，北上时机尚不成熟，政治的根据地仍在广东，持这一意见的主要是吴玉章、徐谦等人。经过讨论，会议同意暂不迁都，16日作出《国民政府发展议案》，决定“国民政府仍暂设于广州”。在北伐军于11月初攻下南昌之后，蒋介石于11月

19 日又电请中央从速作出迁都武汉的决定。蒋介石的意见得到了李济深、邓演达、张发奎、陈铭枢等人的赞同，国民党中央政治委员会作出迁都武汉的原则决定。11 月 26 日，中央执委会及各省区联席会议正式作出中央党部及国民政府迁鄂决议。

鉴于国民党中央党部及国民政府已决定迁往武汉，国民党广东省党部的作用就更加凸显。1926 年 11 月 5 日，广东省党部第 49 次会议决定改选省党部。随即推定陈孚木、杨匏安、甘乃光、黎樾廷、马洪焕 5 同志为筹备员。由组织部起草第二次代表大会组织法及选举法，并设秘书处起草第二次代表大会秘书处组织法，交第 50 次会议讨论通过，进行会议的筹备。

1926 年 12 月 25 日，国民党广东省第二次代表大会召开，推定陈孚木、杨匏安、甘乃光、黎樾廷、王超、陈璠、李春涛、何友逖、曾养甫等 9 人为大会主席团，并组织了提案审查委员会、起草宣言委员会、决议案整理委员会等。杨匏安作为第一届常委、大会筹备员和大会主席团成员之一，在国民党广东省“二大”发挥了极其重要的作用，并以高票当选执行委员、常委。

本来中共及国民党左派鉴于广东省党部的重要性日益凸显，且当时国民党对跨党的中共党员兼任省党部的部长尚未明确限制，因而想通过国民党广东省“二大”的召开进一步让左派充实与健全广东省党部，恢复与加强广东左派掌权的局面。但蒋介石及其心腹亲信张静江在离粤北上前后，也加紧了对广东的争取与控制，张静江操纵国民党中央政治委员会任命李济深等 11 人为广东省政府委员，李济深为常委兼军事厅长，成为广东最高军事长官，又于 12 月 21 日专门成立以李济深为首的国民党政治会议广州分会，全权负责中央北迁后的广东、广西、福建的党政事务。该会凌驾于广东省国民党党部之上，广东省党部改选之后的执监委委员名单要经该会审查圈定。最后国民党广东省“二大”执监委的选举只能按广州政治分会所确定的办法，先由政治分会与省执委会及大会分别推荐执委各 20 人、监委 9 人，再交大会推定执委 45 人、监委 15 人，最后由政治分会圈定执委 15 人、候补执委 5 人，监委 5 人、候补监委 3 人。尽管省党代表大会选出的 45 名省执委委员中左派及共产党员人数占了优势，但最后仍由政治分会圈定。在最后圈定的执监委名单中，虽然保留了何香凝、杨匏安、黎樾廷、陈树人等国民党左派与共产党员执委名额，但国民党新老右派却占了绝对优势。杨匏安虽保留在常委之中，却免掉了组织部部长职务，组织部部长由李济深接任，执委会另两位常委陈孚木、曾养甫是两个典型的右派，省党部也仅保留了何香凝作为妇女部部长。而且，杨匏安作为国民党二届中央执委、常委，必须与谭平山等随国民党中央党部北上赴武汉工作。这样，广东的党、政、军大权基本都落到了新右派蒋介石的帮凶李济深等人手里。

杨匏安对广东政局右倾化十分担忧，一再在党的活动分子会议上“吹风”，建议留守广东的同志要有应变的准备，并建议康炯昭随时准备前往武汉参与革命工作。

第八章

转入江城武汉
迎接全新挑战

第一节　千里辗转赴汉　参加反蒋斗争

中国大革命时期的历史呈现着这样的特点：即革命走向高潮与革命阵营分裂的趋势并存。1926 年 11 月，北伐军在江西战场取得决定性胜利之后，统一战线内部的矛盾和斗争进一步尖锐起来。北伐军在整个东南半壁的胜利在望使得国民革命军总司令蒋介石的实力迅速膨胀，帝国主义列强为维护其在中国的殖民利益，也将目光投向蒋介石。正是在这种背景下，尽管国民政府已宣布 1927 年元旦在武汉正式办公，但蒋介石仍于当月突然提出，要把国民党中央和国民政府迁到北伐军总司令部大本营所在地南昌，以便置于他的控制之下，专横地挑起了一场“迁都之争”。双方为此进行了激烈的争论。为限制蒋介石的权力，武汉方面发起了提高党权运动，并提出召开国民党二届三中全会。

1927 年 3 月 10 日至 17 日，国民党在汉口召开二届中执委第三次全会。该次全会重申了坚持反帝反封建的革命立场及坚持孙中山制定的革命策略，作出了一系列提高党权的规定，主要是用主席团制的集体领导来抑制蒋介石在中央执行委员会政治委员会和军事委员会中的个人独裁；

并改选了中常委、中央党部各部部长、政治委员会、军委会及国民政府委员会，一定程度上挫败了蒋介石另立国民党中央的阴谋。但会议选出的中常委只有谭平山、吴玉章两位中共人士（其他则是汪精卫、谭延闿、蒋中正、孙科、顾孟余、陈公博、徐谦7人），林伯渠也不再是常委，只是政治委员会委员（政治委员会委员除9名常委兼任外，还选了宋子文、宋庆龄、陈友仁、邓演达、王法勤及林伯渠6人），杨匏安则只保留了中央执委，不再任常委。

杨匏安与谭平山未能出席国民党二届三中全会。本来他俩原计划3月1日赶往武汉参会，先出席国民党二届三中全会，再准备作为广东党组织的代表出席中共第五次全国代表大会，但受到国民党右派的破坏。杨匏安三次与鲁易以及国际工人代表团成员去广州机场拟乘飞机去武汉，该架飞机原定先送张发奎去武汉，再返回广州接杨匏安他们去武汉，结果却因所谓“飞机机械故障”而始终无法从广州机场起飞。杨匏安一行最后只能从广州乘火车到韶关，再由当地驻军陈嘉祐派一个连的军队陪送他们骑马去湖南，直到4月初方转道赶到武汉。杨匏安对自己没能出席这次会议感到遗憾，也知道是广州某些反动势力在作祟。他与谭平山认真分析国民党二届三中全会的得失：这次全会有利于提高党的权力、巩固党的权威，一定程度上限制了蒋介石的独裁阴谋全部得逞。但这次大会并未能真正限制住蒋介石，仍赋予蒋介石最高军事指挥权。对国共合作前景，杨匏安心存忧虑。

1927年三四月间，南方各省形势进一步恶化，蒋介石控制下的江西赣州、南昌、九江接连发生摧残国民党党部、屠杀民众的多起惨案，重庆发生三三一惨案。1927年4月12日，蒋介石在上海发动反革命政变。上海工人纠察队被缴械、上海总工会会所被封闭，300多名工人被杀。广东政局自1926年12月起，就明显向右转变，广东国民党及省政府借口支持北伐，对工人、农民运动进行诸多的责难与打击。4月15日，李济深、钱大钧、邓彦华、徐景唐、李福林等也根据蒋介石的命令在广州制造了惨案。国内四川、江苏、浙江、安徽、福建、广西等多省接连发生以“清党”为名对共产党人和革命人士进行大屠杀的事件；奉系军阀张作霖在北京逮捕杀害了李大钊等革命者。帝国主义列强也加紧了对中国革命的干涉。

4月17日，武汉国民党中央执委会发布免去蒋介石本兼各职命令，指出：“蒋中正屠杀民众，摧残党部，甘心反动，罪恶昭彰，已经中央执行委员会议决，开除党籍，免去本兼各职。”4月18日，蒋介石等人在南京另立国民政府。4月22日，杨匏安与众多国民党中央执委、候补执

中央委員聯名討蔣

△國民政府軍事委員會各委員均全體署名

各省區各特別市黨部，海外各總支部，並轉各級黨部，各省政府，並轉各縣政府法院，國民革命軍各集團軍總司令，各方面軍指揮，海軍總司令，各軍長，並轉各軍全體將士，總政治部，並轉各級政治部，全國各報館，並轉各民衆團體，及全國民衆均鑒：頃閱蔣中正巧日通電，知其已由反抗中央而進於自立中央，蔣中正此種陰謀，蓄之已久，由其平日以中央為傀儡，及見中央所為不便於一己之私，於是始則糾集暫軍開式之會議以謀反抗，繼則糾集西山會議式之會議以謀分裂，同人對於蔣中正此種陰謀，雖早已覺察，惟調護已遲，及今議決，始設隄防，實所疚心，蔣中正通電辭氣之間，竊以勞苦功高自矜，試問北伐以來，犧牲無數同志之血，是否為蔣中正一人成就功名，曉進與假手張作霖輩，以戰事自矜，固指政府，其結果遂使北京登落於軍閥政府之狀態，蔣中正欲師其故智，其如革命的民衆已非復可欺，徒見其不知量而已，同人豁有欲為革命的民衆告者，蔣中正所以反抗中央，自立中央，自其挺涎以來，首與帝國主義妥協，不惜拾吳佩孚孫傳芳張宗昌之唾餘，以反共產口號，博其歡心，更不惜屠殺民衆，為其贄見之禮物，明知此種行為，必中央所不許，故不得不出於反抗中央之途，對於持正不附逆之軍隊，則以總司令名義，驅之出戰，而絕其援應，委之於敵，對於軍隊中政治工作人員，則飭令逮捕，拘囚殺害，對於各省市黨部黨員，則唆使走狗橫加摧毀，迫至異己漸去，羽黨已成，則悍然自立中央而無所顧忌，於是一切帝國主義之工具，皆麝集於其旗幟之下，以從事反革命，一切革命份子，皆被以共產或勾結共產黨之名，除之務盡，今已開始進行，將來必變本加厲，東南革命基礎，由之崩壞，革命民衆，將無噍類，凡我民衆及我同志，尤其武裝同志，如不願革命墜成之功，隳於蔣中正之手，惟有依照中央命令，去此總理之叛徒，本黨之敗類，民衆之蟊賊，各國民革命軍議此厚辱，臨電痛憤，不盡欲言，中央執行委員中央候補執監委員，國民政府委員，軍事委員會委員，汪精衛譚延闓孫科徐謙顧孟餘譚平山陳公博吳玉章唐生智鄧演達宋子文程潛朱培德張發奎宋慶齡何香凝林祖涵王法勤陳友仁經亨頤于樹德楊匏安惲代英彭澤民毛澤東許甦魂夏曦黃實董用威詹大悲王樂平陳其瑗朱霽青[illegible]陳璧君江浩潘雲超鄧[illegible]

1927 年 4 月，国民党中央执委讨蒋通电监委员、国民政府委员、军委会委员等40人联名发出讨蒋通电，斥责蒋介石已成“总理之叛徒，本党之败类，民族之蟊贼”，“惟有依照中央命令，除此……叛徒”。但杨匏安很清楚：只是通电谴责，已很难对蒋介石给予真正的打击了。

第二节　出席中共五大　当选监委副主席

1927年4月，中国共产党第五次全国代表大会在形势十分严峻的背景下，于4月27日至5月9日在武汉召开。杨匏安与陈独秀、蔡和森、瞿秋白、毛泽东、刘少奇、李立三、李维汉、王荷波等82人，代表着全党57967名党员出席了这次大会。大会虽然批评了陈独秀的错误主张，但对无产阶级如何争取领导权，如何领导农民进行土地革命，特别是如何建立党的革命武装等迫在眉睫的重大问题，都未能作出切实可行的回答。

中共五大选举产生了以王荷波、杨匏安、许白昊、张佐臣、刘峻山、周振声、蔡以忱为委员，杨培森、萧石月、阮啸仙为候补委员的中央监察委员会，王荷波任主席，杨匏安任副主席。中央监委会10名委员、候补委员都是在革命运动中久经锻炼与考验、在党内享有较高威望的党员领导干部。

中共五大会址开幕式会场（武昌）

中共五大选举产生的中央政治局通过了《中国共产党第三次修正章程议决案》（即1927年6月1日中央政治局会议议决案），共有十二章、八十五条，无论是结构上还是内容上都对中共四大通过的党章作了较大的修改和增补，因而更加充实完备。其中第八章为“监察委员会”，这是党章的新章节，包含四条重要内容：

第61条　为巩固党的一致及权威起见，在全国代表大会及省代表大会选举中央及省监察委员会。

第62条　中央及省监察委员，不得以中央委员及省委员兼任。

第63条　中央及省监察委员，得参加中央及省委员会议，但只有发言权无表决权。遇必要时，得参加相当的党部之各种会议。

第64条　中央及省委员会，不得取消中央及省监察委员会之决议，但中央及省监察委员会之决议，必须得中央及省委员会之同意，方能生效与执行。遇中央或省监察委员会与中央或省委员会意见不同时，则移交至中央或省监察委员会与中央或省委员会联席会议，如联席会议再不能解决时，则移交省及全国代表大会或移交于高级监察委员会解决之。

第61条高度概括了中央监察委员会的任务与职责，也从制度上规定成立党的省监察委员会。而后三条关于监察委员会组成方式和职权范围的规定，一方面坚持了党的集体领导，另一方面又体现了监察委员会的权威性。从“遇中央或省监察委员会与中央或省委员会意见不同时，则移交至中央或省监察委员会与中央或省委员会联席会议，如联席会议再不能解决时，则移交省及全国代表大会或移交于高级监察委员会解决之”等表述可知，党的监察委员会与党的委员会是平行的，确保了监察委员会更好地履行职责。

五大党章第一章“党员”第11条规定，“凡开除党员须经隶属之支部大会及省监察委员会决议及得省委员会之批准方能生效”；第九章“纪律”第70条规定，“对于违反党的纪律的行为，须经党的委员会，党员大会，或监察委员会，依合法手续审查之”。这些规定明确了监察委员会执行纪律监督、审查惩戒违纪党员的职权作用。

另外，中共五大通过的《组织问题议决案》明确提出“政治纪律”这一概念，并强调“党内纪律非常重要，但宜重视政治纪律”，要求各级党组织（党部）、群众组织中的党团、党的领导干部和个人，在政治问题上都要服从党的指导，强调了政治纪律的重要性。

中共五大选举产生的中央监察委员会是中国共产党第一个中央纪律检查监督机构。中央监察委员会的诞生是中国共产党政治生活中的一件大事，是中国共产党历史上的创举，也是中国共产党纪律检查制度的开端。中国共产党从此树起了执纪监督的大旗。

中共五大之后，政治局势继续向坏的方向发展，汪精卫背叛革命的面目逐步显露。由于王荷波当时还是中华全国总工会常委、中华全国铁路总工会委员长，还要参与5月20日至31日在武汉召开的太平洋劳动大会、6月19日至30日召开的第四次全国劳动大会，作为中央监委会副主席的杨匏安就对监委工作投入精力。他协助王荷波尽快将中央监委这一战斗群体组织起来，发挥党中央监督机关的特殊作用，指导建设各省级监察委员会机构，尽快展开工作，要求党员不忘立党宗旨，不能动摇政治立场，不能违背组织纪律，不怕牺牲流血，为实现党的政治路线而奋斗。

1927年5月29日，中央政治局常委会召开第13次会议，会议记录显示，到会的有总书记陈独秀、政治局常委蔡和森、张国焘、周恩来，中组部秘书长陈乔年，列席会议的有中央工委委员、湖北省总工会秘书长刘少奇等人。

此次会议最后一项议题是关于“开除党籍问题”，讨论的决定是“——由组织部通知监委开会”。此时距中央监察委员会成立刚刚20天。党中央的决议表明，王荷波、杨匏安领导的中央监察委员会一成立即开始履行其工作职责。

中央监察委员会在中共五大上成立后不到一年的时间里，萧石月、张佐臣、杨培森、王荷波、许白昊、蔡以忱先后牺牲，用鲜血和生命诠释了对党的无限忠诚。周振声1928年在河南从事党的地下工作时下落不明。处于大革命失败后低潮时期的中国共产党，忙于恢复和重建各地党组织，开展武装斗争，难以及时充实监察委员会人员，使得监察委员会在遭受重大损失的情况下，难以开展工作。1927年12月31日，中共中央发出《中央通告第二十六号——关于监察委员会的问题》，提出“决议监察委员会之存废问题须在第六次全国大会解决”。1928年6月至7月，在苏联莫斯科召开的中国共产党第六次全国代表大会上，中央监察委员会被取消，代之以职权范围缩小的中央审查委员会。

第三节　积极救恤济难　见证历史转折

蒋介石发动四一二政变后，国民党中央讨论了东征讨蒋问题，尤其是张发奎、唐生智极力主张东征，不过汪精卫、鲍罗廷则主张继续北伐，尽快与冯玉祥部在河南会师，同时对付奉系南下。中共中央对此问题的讨论也意见不一，张国焘、谭平山主张南讨广东，周恩来、赵世炎、罗亦农、陈延年等致中共中央意见书建议迅速东征讨蒋，但中共中央的多数人仍支持武汉政府继续北伐。4 月 18 日，经国共两党联席会议商讨，武汉国民政府决定举行第二次北伐。由此让蒋介石得到了喘息机会，使其在上海、江浙及东南站稳了脚跟，给武汉政权造成威胁。4 月 19 日，武汉政府举行第二期北伐誓师大会，4 月 21 日北伐军沿京汉路向河南进军，28 日与奉军决战于临颍，击溃奉军主力，5 月初攻克许昌，6 月初占领郑州、开封，并与沿陇海线东进之冯玉祥国民军会师，奉军被迫全部撤出河南，第二次北伐战事告一段落。

此时，武汉政府内部的经济政治危机日益加重，中外反动派的包围与封锁使武汉与宁、沪、渝、穗、京、津等各地的来往断绝，水陆交通停滞，致使武汉方面关厂关店、贸易停顿，严重影响政府的财政收入，政府财政危机加重，物价暴涨，劳资关系紧张。尽管中共与国民政府采取必要的措施反经济封锁，但未能解决武汉经济出路问题，武汉政局日趋恶化。武汉国民党中央与武汉政府也由动摇走向反动，到5月中旬已开始明显表现出来。蒋介石在不断指使川、黔、桂、粤等地方军阀进攻两湖的同时，还秘密策反驻扎在两湖的武汉国民革命军军官发动叛乱。5月17日宜昌守军夏斗寅（独立第十四师师长）发动叛乱，紧逼武昌。5月21日长沙驻军许克祥（第三十五军三十三团团长）发动马日事变，屠杀工农。5月29日江西省省长朱培德（兼第三军军长）将第三军的142名政工人员“遣送出境”，6月5日又将江西及南昌国民党党部中的重要共产党人及国民党左派22人“礼送出境”，并取缔工农运动。

在此期间，国民党广东省执行委员会5月6日举行的二届27次会议决定免除杨匏安常委职务，改推徐天深担任。同时因执行委员杨匏安、黎樾廷系共产党员，决议呈中央开除其党籍。

同日，在武汉的国民党中央常委会扩大会议决定重新组织政治委员会北京及广东分会，“指定陈嘉祐、蒋隆芬、邓中夏、彭湃‘为广东分会’委员，暂时在湖南组织成立”，“指定王法勤、顾孟余、徐谦、江浩、于方舟、李希逸、李秀容、李北海”为北京分会委员，“同时又讨论组织京津驻汉办事处与闽粤桂驻汉办事处，决议：京津驻汉办事处指定江浩、王法勤两同志负责；闽粤桂办事处，指定杨匏安、江董琴两同志负责组织”。据史料推断，5月初国民党中央执委会还成立了“被难同志救恤委员会”。因为1927年6月6日的汉口《民国日报》有这样一篇报道写道：经国民党中央执委会指定，由吴玉章、林钧、江董琴、杨匏安同志为被难同志救恤委员会委员，负责北京、天津、上海、广州、重庆之被难同志得受救恤。5月2日举行第一次会议，“推选吴玉章、杨匏安为常务委员”，办理日常事务。5月27日举行了第二次会议，讨论通过了八项决议。6月1日又举行了第三次会议，讨论决议了两条要案。6月3日召开了第四次会议，议决了五项要案。从这一报道可以得知：当时由于蒋介石及其帮凶在一些地方进行清共、镇压工农的罪恶活动，各地都有相当一些中共党员、国民党左派人士、工农积极分子被杀害，因此制定若干条例规定，让国民政府通过合法途径对这些被难同志及其遗属进行必要的救恤是极其必要的。杨匏安和吴玉章等人在这一时期在救恤被难同志方面做了大量积极有效的工作。

杨匏安等人以闽粤桂三省驻汉办事处负责人的名义，一方面积极收容从这三个省撤回或逃出的革命同志；另一方面对蒋介石、李济深等人的反革命罪行进行公开批判与斗争。6月13日闽粤桂驻汉办事处以三省党部名义发表

《拥护中央训令》的宣言。在该宣言中，闽粤桂三省驻汉办事处表示："我们深信中央最近公布的各种训令与政策，都是救国救党的至计！我们谨代表三省民众誓死拥护及执行之。"汉口《民国日报》1927年6月18日报道了《闽粤桂驻汉党部招待各界》的消息，其中写道：闽粤桂三省党部驻汉办事处6月17日下午一时假汉口总商会招待武汉各级党部民众团体，计到代表一千余人，并有三省负责同志广东陈其瑗、广西黄日葵、福建张馀生报告被反革命派摧残的真相，中央党部彭泽民致辞。6月21日，杨匏安等人还联合其他各省党部驻汉办事处，于上午十时在三新街江苏同乡会馆二楼举行苏、浙、皖、沪、闽、粤、桂七省党部联合新闻记者招待会，以扩大讨蒋宣传，电请冯玉祥总司令转师东征讨蒋，以解"东南民众之倒悬"。汉口《民国日报》1927年7月1日还报道了中国济难会全国总会于6月29日下午，在汉口总商会举行济难总会及各省干事联席会议，组织临时干事会，并推举杨匏安、恽代英、潘汉年等30人为全国总会干事会委员，推举汪精卫、冯玉祥、宋庆龄、何香凝、谭平山、林伯渠、吴玉章、邓中夏等20人为审查委员。由此可见，对南方各省被难同志的救恤与安置，也是大革命失败前杨匏安的一项重要工作。

中共五大之后，中共中央于6月4日成立了中共驻武汉国民党中央党部与国民政府的党团，由谭平山、苏兆征、林伯渠、杨匏安、吴玉章组成干事会，谭平山为书记，杨匏安为秘书。从 6 月 16 日林伯渠的日记中“十六日，雨。晚八时谈事匏安处”的记载来看，他们这些老战友面临大革命急转直下的形势还是有不少心里话要讲，还有许多事情要研究、许多工作要做，但同时也已经感到武汉形势日趋恶化、无力回天了。

7 月 12 日，中共中央在汉口召开秘密会议，根据共产国际的指示进行改组，决定停止陈独秀的领导职务，由张国焘、李维汉、周恩来、李立三、张太雷五人组成临时中央常务委员会。7 月 13 日，中共中央发表《对时局宣言》，谴责武汉国民党中央和国民政府的反动行径，声明中国共产党退出武汉国民政府；同时表示继续不妥协地进行反帝反封建斗争。在武汉国民政府担任部长的谭平山、苏兆征按中共中央命令退出国民政府。

7 月 14 日晚至 15 日凌晨，汪精卫举行国民党中央常委会扩大会议，决定同共产党决裂。由国共两党合作发动的大革命宣告失败。

8 月 1 日，周恩来等率领在党直接掌握和影响下的军队 2 万余人，举行南昌起义，打响了武装反抗国民党反动派的第一枪。

为了争取和团结国民党中一部分愿意继续革命的人，揭露蒋介石和汪精卫背叛孙中山革命精神的面目，这次起义仍使用国民党左派的旗帜。起义胜利后，成立了中国国民党革命委员会。

汪精卫等人对共产党人发动南昌起义十分恼怒。汉口《民国日报》1927 年 8 月 11 日报道：经国民党中央政治委员会“第四十四次会议议决：（一）由中央党部下令凡列名南昌革命委员会委员之共产党员谭平山、林祖涵、吴玉章、恽代英、高语罕等开除本党党籍，并免职通缉拿办。……（二）其他共产党员列名本党执监及候监委员者，于树德、杨匏安、毛泽东、许甦魂、夏曦、韩麟符、董用威、邓颖超、江浩等，一律开除党籍并免职”。

在此前后，汪精卫集团向中共党员及工农群众举起了屠刀。中国共产党领导的革命斗争进入了最艰难的历史时期。

1927 年 8 月 7 日，中共中央在汉口三教街召开紧急会议（史称八七会议）。会议总结了大革命失败的教训，纠正了党在大革命后期的右倾错误，确定了党在农村领导武装暴动、开展土地革命的斗争方针。杨匏安与王荷波以中央监察委员会委员的身份出席会议。

对白色恐怖环境下党的纪检监察工作，八七会议通过的《党的组织问题议决案》作出了严格规定：“严守党的纪

八七会议旧址（汉口）

律尤其为秘密党之必要条件”；“党的一切决议、调遣等，每个党员应当绝对服从，不论其地位如何都应如此”，“凡破坏纪律者，都应从严惩办”，要求各省党委和省监委要对党内不可靠分子与可疑分子进行审查，如果有违反党的纪律者要进行处理，停止职务或开除党籍。杨匏安为加强白色恐怖环境下党的纪检监察制度建设，为挽救党的事业作出了自己的贡献。

在这次会议中，王荷波当选为中央临时政治局委员，并旋即接受中共中央的委派与蔡和森同赴京津重组中共北方局并兼任书记，在奉系军阀白色恐怖统治下坚持党的地下工作。杨匏安则继续留在中央监察委员会重点指导湖北、湖南等省建立省级监委，开展纪检监察工作。不久之后，中央监察委员会委员纷纷由党中央派到各地传达八七会议精神、指导党组织开展应变和组织武装起义。杨匏安奉命专程返回广州，去做国民革命军第二方面军张发奎的策反工作，以配合南昌起义军南下。

张发奎原先反蒋积极，是提高党权运动和东征讨蒋的积极拥护者，虽对中共理论与政策不甚了解，但对部队里共产党人的奋斗和牺牲精神比较认可与赞扬。第二方面军里，一大半是受中共控制和影响的部队。即使在汪精卫分共时，张发奎的部队仍旧以“东征讨蒋”名义集结在九江等地区。但 7 月下旬之后，汪精卫抓紧做张发奎的工作，让他同意分共，并把军队抓到自己手上，遂使张发奎与中共方面分道扬镳。党组织让杨匏安赶到广州，是希望再拉张发奎一把。杨匏安到了广州，住在陈大年家。因张早已被汪精卫拉拢过去，故杨匏安对张发奎做工作一事没多大效果。

第九章

身陷逆境之中
更显赤胆忠心

第一节　身处南洋　信仰不移

鉴于武汉的险峻形势，中共中央领导机关于 1927 年 9 月底至 10 月初陆续由武汉迁回上海。为了总结南昌起义、特别是八七会议以来各地贯彻执行党中央新的路线方针的经验教训，制定继续斗争的策略，中共中央于 1927 年 11 月 9 日至 10 日在上海召开了临时政治局扩大会议。

出席会议的有：中央临时政治局常委瞿秋白、苏兆征、李维汉；政治局委员任弼时、罗亦农、向忠发、顾顺章；政治局候补委员周恩来、张太雷、李立三、邓中夏、张国焘；有关省委或中央分局的代表蔡和森、彭述之、任旭等。共产国际代表罗米那兹出席、指导会议。会议由瞿秋白主持，通过了《中国现状与共产党的任务决议案》《最近组织问题的重要任务议决案》《政治纪律决议案》《关于第六次全国代表大会之决议》《关于土地问题党纲草案的决议》以及《中国共产党土地问题党纲草案》。会议根据共产国际关于中国革命的一些基本观点，提出中国革命一定要在中国共产党的领导下，“联合最彻底的民权革命的伟大力量——中国的农民”，组织“工农革命军”，进行游击战争，推翻新军阀国民党政权，建立工农民主政权。但同时又认为中国革命是所谓“无间断的革命”，不承认革命形势处于低潮，认为国民党新军阀的统治已经处于崩溃的边缘，据此确定了实行全国武装暴动的总策略，要求农村暴动同城市暴动相结合，而以城市暴动为“中心及指导者”，以形成城乡的武装总暴动，直至造成一省或几省的革命胜利的局面。会议还规定了一系列过“左”的政策，形成以瞿秋白为代表的“左”倾盲动错误。

会议对八七会议后各地武装起义所遭受的失败和挫折不作具体分析，对一批干部作出了处分决定。其中，给以周恩来为书记的南昌起义前委全体成员以“警告”处分；给中共湖南省委全体成员以纪律处分，作出开除毛泽东、彭公达中央临时政治局候补委员的决定。谭平山被开除出党，杨匏安则受到撤销中央监委委员职务并留党察看的处分。

杨匏安无端受到处分，没有任何过激的表示或消极萎靡，更没有动摇对马克思主义、对中国共产党的信仰与忠诚。1927 年 12 月广州起义之前，杨匏安又奉命去南洋从事党的秘密工作。

他有一位老关系，渣甸洋行老板沈香霖，当时也是出品金鱼牌蚊香的澳门保血公司老板，还当过吉生轮船买办。杨匏安通过他的关系乘坐吉生轮船去了新加坡。他一方面帮助收容一些从闽粤地区撤到南洋的革命同志，同时在新加坡、马来亚地区建立地下党组织，开展革命活动。在南洋的杨匏安，始终心系祖国，挂念家乡父老和国内的革命事业。他在新马时曾写过两首诗，并寄到上海他的亲戚霍志鹏处。

十一月既望泊舟星架坡港

故乡回首战云深，漏刃投荒万里临。
余日可消行坐卧，感怀休问去来今。
江南有梦迷蛮瘴，海外何人辨雅音？
自笑身闲心独苦，当头皓月伴微吟。

这首诗应该是1927年11月16日刚抵达新加坡时所作，反映了杨匏安虽在海外，却挂念着家乡，牵挂着革命事业的前途命运。这首诗首联可倒过来读：我本是漏刃投荒而来到万里之遥的地方（南洋），却挂念着故乡的革命局势。漏刃，是指从刀下漏过，诗人本是被国民党通缉的对象，故自比漏刃投荒之人。颔联则是讲诗人余剩的日子只能消磨在行坐卧方面，又何必谈什么过去、现在及未来了。似乎是非常伤感、无可奈何的心态。颈联则更进一步反映诗人的惆怅：大革命先是主要在广东，后又发展到江西、两湖与江浙，即江南一带，诗人是说江南曾掀起一场伟大的革命运动，也算“江南有梦”吧，现在却被南方瘴气（蛮瘴）所笼罩。现在人在南洋，谁又能说得清楚、辨个明白呢？末联则是自己的感叹：如今自己太闲了，心却依然那么苦，只有当头的皓月陪我细声地吟唱了。有些论者往往把这首诗说成杨匏安对自己被中共中央政治局处分的不满，但实则中央政治局扩大会议是11月9至10日在上海举行，而这首诗应是杨匏安刚到南洋新加坡港写的，珠海市教育学院教师叶昌生前曾撰文提出，这是杨11月16日刚到新加坡时所作。杨是从港澳乘船去新加坡的，到新加坡之前还不可能得知中央处分自己的信息。另外从诗中文字来看，也没有提及处分内容，因此这首诗未必是诗人针对个人所受的处分而作。

寄小梅

去国六千里，心随云水长。
逃生来绝域，问禁入危邦。
归意能无动？公忠不可忘。
相思凭梦寄，月色满桄榔。

这首诗也是在南洋所写，比上一首诗略迟几天。杨匏安在南洋时间并不太长，在 1928 年初已返回祖国，曾有一份于 1 月 17 日所写的报告送中央。另外，杨匏安的《所谓第三党》刊登于 1928 年 2 月 13 日出版的《布尔什维克》杂志第 17 期，也是他返沪大致时间的佐证。

这首诗的首联，说的是诗人远离故国六千里，牵挂越来越深。颔联是说诗人在国内被通缉，而逃到了这一极其遥远而危险的地方（危邦，新加坡马来亚当时是英国人占领的殖民地，杨在大革命时期一直与港英当局斗争不断）。颈联是：诗人也有归意，希望尽快返回故国，因为“公忠不可忘”。末联写诗人的相思之情、相思之梦，夜半时分，这里的月光洒满了桄榔树。据珠海博物馆尚元正、门晓琴考证，1928 年周恩来向中央报告苏兆征临终前的嘱咐内容时，曾用向“梅”报告的形式，所以“梅”实际是党中央当时用过的一个化名。因此，他们认为这首诗《寄小梅》是杨匏安向党中央机关表达自己心声。过去有论者认为，这首诗是给霍志鹏的，因其另有小名霍梅，似乎一方面向堂妹夫倾诉情怀，另一方面可请其转达给党中央。我们以为这种设想有点牵强，毕竟霍志鹏并非同杨匏安经常在一起吟诗唱和的诗友；从诗的内容来看，也没涉及叔伯兄妹之情，更未谈及家事乡事；相反，如把这首诗看作是送交党中央领导表达自己意愿似更合适。或许这首《寄小梅》诗作起到了作用，杨匏安很快就离开了南洋，先是回到澳门与家人会合，不久就带着大儿子宗玄到了上海。很明显，杨匏安是奉了党的指示，才回到上海党中央驻地接受组织的安排。

第二节　辩诬明志　立场坚定

杨匏安回国后，于 1928 年 1 月 17 日向中央写了一份长篇申诉，这份文字材料至今仍收藏在中央档案馆。

其中最后一段文字，至今读来仍发人深思——

“我和陈延年同志商量，收拾了干净，改做农民运动为要。学习并且知道情形的缘故，已经派我到广东省农会，做了一星期事务。可是武汉又开什么三次全体会议，鄂省委打电叫立即赴汉。于是我又做了国民党军。是这一点，我已厌恨透国民党。我要到农村工作，也有点这样因由。说话多了请恕。”后面即是杨匏安的签名与时间“一月十七日”。

从以上文字中可以看到，杨匏安在从事国共合作的工作时，对国民党的上层人士是颇有看法的，并不希望与他们长期共事，用他的话来讲，是“厌恨透”了。另外，杨匏安很愿意从事农民运动的工作，在当年撰写《〈青年周刊〉宣言》时，杨匏安就明确提出：“我们尤其注重的，是农民问题。”他还说道：“我们快要指导他们向着能变的道路走去。第一步，使他们解决自身的利害，联结团体，和压在头上的地主反抗；并且使他们知道土地公有公耕之利益，联合一切无产阶级，举行猛烈的、普遍的群众运动，由无产阶级跑到支配阶级的地位。”从事农民运动也许是杨匏安的夙愿。

1928 年初，杨匏安曾被谭平山等人列为共同组织“第三党”的发起人，在党内造成一定的影响。杨匏安自南洋返回澳门后立即撰写了《所谓第三党》，直接送交中共中央以表明自己的心迹与态度。党中央及时将其刊登于 1928 年 2 月 13 日出版的《布尔塞维克》杂志上，让该文有力佐证杨匏安是反对组织第三党的，并对所谓杨匏安参与第三党发起之事进行辩诬。第三党发起人以为杨匏安“在国民党内充当苦力有年，中机会主义毒害一定很深”，一定愿意参与发起“第三党”。但杨在文中明确表明：“承他们错爱，把黄袍加在我身上；然而于我却等于无妄之灾。”他客观地揭示了第三党之所以产生的社会历史背景：“原来所谓第三党，依然是汉口的憧憬作怪”，在“武汉与南京已经是同途同归”的背景下，“当时尚有一点革命意志的国民党所谓左派们，如邓演达，看见国民党已陷于沦亡，而共产党的政策又未免‘过激’；他们在歧路上徬徨着”，“想另外创造一个不激不随的第三党来”；“在共产党员方面，也有些富于妥协性的小资产阶级出身的同志，在这个机会主义发皇张大的时候，突然与国民党翻脸，未免有点眷恋不舍；并且怀疑到本党的政策过于左倾；于是第三党的鬼魂也乘机而进”。他点名批评了自己当年的上级、老友“谭平山则可为这些落后的共产党的代表”。杨匏安断言“第三党完全是徘徊在革命与反革命之间的游魂”，“他们既然不赞成工农暴动，建设苏维埃政权；同时也说要反对豪绅资产阶级的屠杀政策”，“只想在两大营垒血肉相搏的斗争中间作个调人”。“第三党的鼓吹者想另外替中国革命找条出路，其实这条出路只是在知识分子的脑子中存在着，实际上是没有，而且是不能够有的”。杨匏安坚信：“在这个直接革命时代，只有一个代表革命的无产阶级的共产党和一个代表反革命的豪绅资产阶级的国民党，中间更找不出一个既不代表革命也不代表反革命的东西的。”该文既是杨匏安立场明确、态度鲜明的政治表态的宣告书，也充满了他对曾经共同奋斗过的旧友谭平山等人惋惜之情、规劝之意。[①]

① 本段引文均见杨匏安：《所谓第三党》，载《杨匏安文集》，中央文献出版社 1996 年版，第 241—243 页。

杨匏安到上海之后，先避居其堂妹杨少琴及妹夫霍志鹏家（上海邓脱路同春里）。他的这位亲戚是一位靠拢中共组织的进步人士，也有人说他是中共地下党员，后来罗绮园、高语罕、柯柏年等也在此同住。谭平山曾来找过杨匏安，谈及中国革命葬送于第三国际手里，而中国共产党已成强弩之末，国民党亦不能革命了，只有组织“第三党”，中国革命才有出路。杨匏安却斩钉截铁地告诉这位自己当年的引路人：即使共产党有错误，亦必须而且只能靠自己来纠正、克服，不能靠组织“第三党”来解决。杨匏安非常诚恳地劝告谭平山，对自己的行动必须郑重、慎之又慎，千万不能一时冲动，希望他回头是岸。两人最后只能不欢而散。杨母陈智也跟家人讲，谭平山已经变了，在搞“第三党”了，你们见到他就不要再与他多说什么了。

杨匏安当时心情很沉闷，很苦恼，但对党、对革命仍是忠心耿耿。郑超麟在1983年9月的《访谈录》中曾讲过：“不久谭组第三党（成员大都是广东时期的人）。名单中有杨匏安、罗绮园，故此中央很注意杨、罗是否真正参加了第三党。……罗和杨还是忠于党的，后来证明确实如此。”不过郑也提到“他们二人看来都有消极情绪”①。

① 《上海市政协委员郑超麟访谈录》，载《杨匏安史料与研究》，中共党史出版社1999年版，第359页。

《高语罕传》中也有类似记载："杨匏安除了同语罕谈心之外，常常终日默默无言。"

陈独秀曾专门将其《国际对中国党的政策之我见》油印稿送交杨匏安，还有意多给了几份，希望杨匏安帮助影响其他友人。文中对第三国际的政治路线大加批评，反对斯大林关于国共两党合作形式的意见，反对军事投机、军事冒险、八一暴动，反对党内的官僚主义和机会主义。杨匏安虽然对第三国际及苏共领导层对中国革命的指导也有一定的看法，尤其对他们在大革命失败之后毫无自我批评精神却把全部责任推卸给中共中央当时的负责人也很不满意；但他遵守党的纪律，不赞成把党内的意见分歧公开到社会上，对陈独秀的这种非组织活动始终不加理睬、拒绝参与。1929 年 12 月，高语罕等人接受了陈独秀、彭述之的拉拢，凑集了 81 人联名发表《我们的政治意见书》，公开主张：中国革命的失败，责任完全由第三国际承担；取消一切实际行动；取消红军苏维埃，取消游行、罢工、示威，召集国民会议。杨匏安尽管由于个人问题没有彻底解决，继续蒙受着无处诉说的委屈，但却立场坚定、态度鲜明，根本不参加并坚决反对这类反党的活动。

第十章

上海峥嵘岁月
名节丹心堪珍

第一节　地下斗争　不畏艰险

1928年初，杨匏安奉党的指示回到上海中共中央的秘密机关，但却因身背处分，不受信任，一段时间没有具体工作任务。据当年曾负责主编党刊《布尔塞维克》的郑超麟1983年9月回忆：当时“派罗绮园到《布尔塞维克》杂志参加工作。……但不派杨匏安来，看来中央没有派他工作”。[①] 由于杨匏安一时没有工作，一大家人的生活问题都没了着落。杨匏安一家先是投亲靠友，后来则一度分住在党组织的出版、印刷、交通等几处地方，经常要搬家、更换住址，直到1930年前后家人才一起住在东有恒路（今东余杭路）2048号。当时长子宗玄也不过十二三岁，还有宗锐、绛辉及宗政几个嗷嗷待哺的小儿女，因怕被人认出这些“小共党”，都无法上学，只能在家自学。他们有时还要传递情报、印刷传单与送取书报，口袋里常装着两毛钱，平时不准用，一旦危急时，即机关暴露与组织失去联系时才可以使用。杨匏安的家庭生活一直比较困难，他本人患有肺病，夜间还得与家人一起推磨做米糍，让年

① 《上海市政协委员郑超麟访谈录》，载《杨匏安史料与研究》，中共党史出版社1999年版，第359—360页。

迈的老母与孩子清晨去街头叫卖。妻子吴佩琪尽管身体很差，也必须去火柴厂做工挣钱，来维持一家生计。如此贫寒、委屈，且随时都有被捕杀头的危险；但杨匏安却安之若素，没有丝毫的动摇。

后来，杨匏安参加中央宣传部编辑出版发行党的报刊，他与另一位同志王凌波被安排在上海华德路福民印刷所担任负责人，做文字的校对工作，承担《红旗日报》及革命书刊、传单的秘密印刷任务。这是他在上海时期的一项重要工作。

二十世纪二三十年代之交，在白色恐怖的上海，中国共产党的活动转入地下状态，党刊的发行工作是在秘密、艰苦、险恶和动荡不定的环境中进行的，始终充满着危险，因遭受查封，收缴遗失的党刊甚多。为了迷惑国民党的报刊检查，这一时期中国共产党在白区的报刊发行上必须不断变换刊物名称，或以伪装封面的形式出版发行。《红旗》周刊第 6 期伪装成《快乐之神》，《红旗周报》23 期伪装成《时时周报》，第 26 期伪装成《实业周报》，第 27 期伪装成《平民》，第 30 期伪装成《光明之路》周报。在严峻的政治社会环境中，中共组建了广泛的地下或公开的发行网络，但党刊的发行工作、秘密印刷所和多处发行点时常遭到破坏，付出过惨痛代价。

1930 年，因《红旗》报印刷机关暴露，杨匏安被捕，被关在提篮桥巡捕房，由于没有暴露身份，最后在组织的积极营救下，关了 8 个月即出狱。他出狱那天晚上，一大家人聚在一起，有人说了一句：“我们做这些事，又穷又危险，小孩子没书读，连上街都提心吊胆。”他马上坚定地对家人说：“再穷再危险，也要革命到底。”杨母陈智接着就表态：“既然这样，我们全家都支持你。”这便成了杨匏安全家上下三代人的心声。

杨匏安在上海从事地下工作期间，曾参加过太阳社及左联的活动，为团结进步的作家倡导革命文学和宣传马克思主义文艺思潮发挥了重要作用。

大革命失败后，进步文化人从广东、武汉等地纷纷来到上海。1928 年初，由蒋光慈、钱杏邨、洪灵菲等进步作家发起的革命文学团体“太阳社”在上海成立，这是中国现代文学史上有重要地位的革命文学团体。在此前后，他们还成立了春野书店，出版《太阳月刊》。《太阳月刊》被国民党查禁后，又先后易名为《时代文艺》《新流月报》《拓荒者》《海风周报》。“太阳社”成立时，杨匏安与当时的中共中央领导人瞿秋白等人出席。杨匏安曾用笔名在太阳社出版的刊物上发表过文章，倡导革命文学和宣传马克思主义文艺思潮。杨匏安凭借着渊博的学识和在国学方面的深厚造诣，发表的一些作品都很受欢迎。

从1928年初开始，“太阳社”和“创造社”两个革命文学团体在其创办的《太阳月刊》《创造月刊》等杂志上倡导无产阶级革命文学，成为中国左翼文学运动的起点，对于无产阶级革命文学运动的发生、发展起到了很大的促进作用。这两大文学团体的成员大多是共产党员或进步作家、文学家，但却与鲁迅不睦，双方激烈的论战持续不休。无产阶级革命文学倡导者们由于受到当时共产党内“左”倾思想的影响，对中国社会和革命的性质缺乏正确的估计和分析，在理论主张上存在着一些严重的偏颇之处。他们片面强调文学的宣传作用而抹杀其审美特征，视文学为“武器”“留声机器”，极力为“标语口号”式的文学辩护。他们否定五四新文学的传统，把批判的矛头直接指向鲁迅、茅盾、叶圣陶、郁达夫等新文学先驱者。

当时中共中央认为：鲁迅是五四运动以来很进步的老前辈，在青年中的影响很大，要求“太阳社”“创造社”停止围攻，争取团结鲁迅。这中间杨匏安做过不少工作，据学者王晓建的研究以及杨匏安亲属回忆，杨匏安针对当时“太阳社”“创造社”对鲁迅的论战提出了自己的看法，曾向周恩来建议：要想在文化方面结成统一战线，必须停止对鲁迅先生的围攻。周恩来赞同并过问了这个问题。杨匏安将中央的主张传达给了“太阳社”的领导人，不久，“太阳社”停止了对鲁迅的围攻。

1930 年 3 月 2 日，中国左翼作家联盟在上海宣告成立。“太阳社”全体成员加入中国左翼作家联盟。鲁迅等人被选为常务委员，并在会上作了题为《对于左翼作家联盟的意见》的重要讲话。杨匏安在左联的文化刊物上曾发表过文学作品。左联是在中共领导下的进步文化团体。它在继承“五四”新文学传统，介绍与传播马克思主义文艺理论，提倡无产阶级革命文学，培养进步文艺队伍，创作反映时代精神的文艺作品，粉碎国民党反革命文化“围剿”等方面都作出了重要贡献。

第二节　学鉴海外　编译著书

在极端艰难困苦的环境下，中国共产党中央继续有组织有计划地翻译和出版马列著作。1928 年 7 月，中共六届一中全会通过的宣传工作决议案中提出的一项重要任务，就是发行马克思主义和列宁主义的重要著作。

党的重要领导同志也笔耕不辍，根据中共革命的斗争实际，撰写了很多具有实际指导意义的著作。在这样的背景下，杨匏安编写了《西洋史要》，共 18 章，20 多万字，署名王纯一编译，1929 年 7 月由上海南强书店出版。

《西洋史要》是我国最早用马克思主义的历史唯物主义观点写成的一部西欧历史著作。该书从西欧封建制度的兴起说起，系统介绍了西欧的历史，论述了资产阶级革命到帝国主义时代，以及第一次世界大战后的革命运动与第三国际成立的历史。对西欧各国各时期的革命运动史，工人运动史，特别是国际共产主义运动发展的历史，以及第一国际、第二国际的组成、发展和解散的经过，都有简明论述。该书史料翔实、观点鲜明、文字流畅、通俗易懂，是当时国内学习西洋史和国际共产主义运动史极为难得的参考书，受到广大读者的欢迎。至 1936 年 5 月，再版 6 次。此书是杨匏安参考了苏联东方劳动大学和中山大学的西方革命教材编译的。它多次再版，足以说明其价值和吸引力。

《西洋史要》是西欧史学领域中的典范教材。张迪懋教授评价道，“综观《史要》全书，给人们提供了西欧工人运动和共产主义运动发展的基本线索，运用马克思主义的立场、观点、方法对历史进行分析和论述，在我国西洋史著作中实属创举”；“立论之严谨，观点之鲜明，令人敬佩。特别在当时反动统治之下，能从浩瀚的史料中，去粗取精，运用马克思主义的立场、观点、方法，作出历史唯物主义的论述，歌颂了劳动人民创造历史的功绩和国际共产主义运动的一曲曲凯歌，这不仅对后学启聋发聩，而且对国际共产主义运动的研究实开一代之先河”。

中共党史研究专家、原中共中央党史研究室副主任龚育之认为：“这是杨匏安的一部力作。马克思主义是从近代西方产生的，中国人要学习马克思主义，必须对西方近代历史有必要的了解。《西洋史要》正是适应了这种需要，不仅白区的党员和进步分子中有这种需要，苏区也有这种需要。毛泽东在 1929 年 11 月曾经给在上海的党中央写过一封信，说苏区党员理论常识太低，须赶紧进行教育，除请中央将党内出版物寄来外，另请购书一批，书名另寄。‘我们得到书报如饥似渴，务请勿以小事弃置。’写得何等急切！——《西洋史要》是党的理论教育中急切需要的读物。”

1986 年，中共党史研究专家胡华教授指出：“《西洋史要》这本书对当代青年了解世界革命史，走向世界，仍有很大价值，又是烈士的遗作，是烈士留下的精神丰碑，很值得重印出版，既是纪念又是繁荣学术，也说明我党早期烈士对世界革命历史研究已经做出了很好的学术贡献。”

1930 年初，中共中央任命杨匏安为中央农民部副部长。中央农民部原来是中央农民运动委员会，中共六大之后由彭湃任书记。1929 年彭湃由于叛徒白鑫的出卖而被捕，英勇就义于上海龙华。那一段时期白色恐怖十分严重，彭湃等同志牺牲不久，周恩来亲自领导的中央特科对白鑫等叛徒采取了坚决的镇压。此后中央农委（后为中央农民部）则由周恩来、张闻天先后负责。短短一年，杨匏安先后协助周恩来、张闻天工作。当时党中央以“中央互助救济会”名义举办“中央互济会政治训练班”，学员来自全国各地的中层党员领导干部，甚至中央苏区也有人来。第一期三十至四十人，大致一个月左右一期，阮啸仙、杨匏安等同志担任训练班的教师。杨匏安亲自为学员讲授苏俄土地问题。

杨匏安为了研究西方资本主义制度私有制条件下地租问题，尤其是苏联废除私有制条件下如何处理地租问题，为中国共产党在苏区制定土地革命的路线与相关政策提供经验与教训，他于 1930 年 7 月翻译了拉比杜斯著的《地租论》。该书分为三章：第一章《资本主义经济中的地租》，共 11 节，主要阐明地租的概念内涵、差级地租的两种形式及来源、绝对地租的形式及来源、地租与农产品的价格形成、地价、地租随资本主义之发达而趋于高涨的倾向、地租的社会意义、土地国有与地租等内容。第二章

《资本主义以前的地租形式和小农经济中的地租问题》，共3节，主要阐明资本主义以前的地租形式、差级地租和小农农业、绝对地租和小农农业等内容。第三章《苏联经济中的地租问题》共7节，主要阐明苏联农业和资本主义的农业之经济上的区别、苏联小农业中的绝对地租与差级地租问题、苏联租让经济和富农经济中的差级地租、苏联与世界市场的关系和地租、地租与农业税收关系、苏联城市土地的地税等问题。他还选译了一些专题资料作为附录一，题为《苏联经济中农民分化过程的特征》。又从《列宁全集》中选译了《社会民主党在1905—1907年俄国第一次革命中的土地纲领》中的部分章节，以《伊里几的地租论》为题作为附录二，其中又分为《地租论》《差级地租与绝对地租》《土地报酬递减律》三章。全书的正文加上附录，共计7万余字，合编为《地租论》，交由南强书局出版，仍署名“王纯一”。

该书最显著的一个特点，是在正文第一、第二两章之后加上第一、第二章的“自修材料”，有“问题与习题”16个，还有“研究的材料”。正文第三章之后也有第三章的“自修材料”，其中列了6个“问题”。附录二之后也列了3个“问题”，全书共有“问题与习题”25道。读者可以通过对这些问题与习题的思考、解答，大大加深对全书内容的理解与掌握。该书极有可能是杨匏安为上海“中央互济会政治训练班”培训党的干部所使用的教材。

杨匏安翻译的拉比杜斯著《地租论》一书，对当时正在进行土地革命的各革命根据地党政军干部，无疑起到雪中送炭的积极的指导和参考借鉴作用。他如果没有对农村问题进行关注和研究，要完成这种专业性很强的编译工作是很困难的。当时杨匏安要做党的地下工作，参与编写出版《红旗》，业余时间才能从事编译工作，《西洋史要》也是在这期间出版的，因而编译《地租论》的时间是非常有限的。这既体现了杨匏安工作效率极高，也与他多年来对农村问题的关注研究分不开。从小说对青年农民王呆子的塑造，到《青年周刊》创刊词中对农民问题的认识，以及从事农民运动方面的工作，杨匏安是中共早期领导人中对农村农民土地问题有重要见解者之一。

第三节　慷慨登车去　热血染龙华

1931 年 7 月 25 日，因叛徒告密，致使杨匏安等在上海从事地下工作的中央机关 16 人被捕。

杨匏安被捕后，先是被关押在法租界老捕房，继而被引渡到国民党上海龙华警备司令部看守所。蒋介石对杨匏安

杨匏安著作《西洋史要》和译著《地租论》

的人品和才华是很了解很器重的，在第一次国共合作时期，他们曾有过交集。蒋介石得知杨匏安被捕后，派熊式辉、吴铁城等国民党要人前往劝降，差不多天天都有看守叫他出去会客。杨匏安对敌人的劝降一一拒绝，表示宁死不屈。蒋介石又搬来了国民党元老吴稚晖，吴对杨匏安说：你只要写一份自首书或在报上发表声明脱离中国共产党，就可以获得自由，并保证有高官可做。杨匏安当即表示，自己为了寻求真理才加入中国共产党，即已选定，就不会动摇。吴稚晖又以死相威胁：你再坚持下去，后果不堪设想。杨匏安从容答道："我开始参加革命就把生死置之度外，死可以，变节是不可能的。"蒋介石写了两封书信劝降，又亲自打电话劝降，杨匏安始终不肯就范。这些情况是周恩来后来见到杨匏安的二儿子杨明时告诉他的。

杨匏安对党的忠诚和宁死不屈的革命气概感染了狱友，就连经常押他进出的看守，也都称他为"杨铁人"。杨匏安是南京国民党政府《秘字第一令》通缉的"共产党员首要"。宋庆龄、何香凝致信蒋介石保释，也未能成功。周恩来等人也曾策划了在敌人将杨匏安从上海押往南京途中武装劫车的方案，但蒋介石却突然下达密令，将杨匏安在龙华就地秘密处决。

看守所拘禁杨匏安的囚室阴森、潮湿，漆黑冰冷的铁栏杆，由上而下深深地嵌入地面，高大的狱墙顶端，仅有一扇小小的通风窗口。1931 年 8 月初的一个夜晚，杨匏安站在狱室中央，静静地注视窗口透进的那一道月光。这是杨匏安生前的最后一个夜晚，晚九点左右，行刑军警来看守所以提审为名，把杨匏安等 8 个人带走，当时同监狱友皆有不祥之感。约过了半小时，密集的枪声传进了狱中。全监的人皆起而默哀，既悲愤又无语，最小的狱友胡向荣悲伤地伏在床上大哭。

杨匏安早已置生死于度外，特别喜爱写诗的他经常以革命者应有的气节写诗鼓舞狱中战友。其中“杀头何可惜，名节最堪珍”，“面对屠刀处泰然”等诗句被狱中同志广为传诵。他在狱中觉察到有些同志垂头丧气，在敌人的威迫利诱下，有求生变节的可能。为了教育鼓励这些难友坚持斗争，写下了著名的《狱中诗》：

慷慨登车去，临难节独全。
余生无可恋，大敌正当前。
知止穷张俭，迟行笑褚渊。
者番成永别，对视莫潸然！

该诗 1959 年被收入《革命烈士诗抄》。

而1996年出版的《杨匏安文集》收入了该诗的另一版本，两者略有差别：

慷慨登车去，相期一节全。
残生无可恋，大敌正当前。
知止穷张俭，迟行笑褚渊。
从兹分手别，对视莫潸然！

这首诗也见之于上海龙华烈士陵园碑亭中的杨匏安诗碑《示狱友》。

此诗一开笔便显示了革命者的英雄气概，慷慨登车，义无反顾。我们意气激昂，相互约定保全崇高的革命气节。宁可赴死，决不叛党，视死如归的气节跃然纸上。

在“大敌正当前”的形势下，如何对待自己残余的生命，是件十分严肃的事，是考验党性原则的关键时刻。“知止”“迟行”两个典故的运用十分精当。张俭，是东汉人，因弹劾奸宦，被迫逃亡，凡是他投奔托足之处，人们都不惜破门收容。褚渊，为南北朝人，宋明帝十分宠信他，临死，封他为中书令。不料他却出卖同僚，助齐篡宋。后人讽刺说：“宁为袁粲死，不作褚渊生。”杨匏安勉励难友，要效法张俭，坚持与邪恶势力作斗争，决不可像

杨匏安《示狱友》诗照和铜像

褚渊那样卖主求荣，在历史上留下骂名。最后一句：我们从此永别了，在最后的相互凝视决不悲伤流泪！《狱中诗》中的“者番”即这番的意思，宋词中常用。

这首诗充分彰显了杨匏安大义凛然，威武不屈的崇高革命精神和英雄气概。

第十一章

革命前仆后继
英雄高山仰止

第一节　继承遗志　举家革命

信仰的力量是无穷的。受杨匏安的影响，珠海南屏北山村的许多杨姓子弟，杨匏安的堂叔、堂弟、堂妹等先后有十多人，在极为艰苦的环境中积极投身革命。杨匏安、杨章甫、杨士曼（匏安的族叔）、杨青山、杨杏娥被称为“北山五羊”（杨），都是大革命时期的风云人物。而杨匏安的母亲、庶母、妻子、子女、女婿，或为革命捐躯或先后走上革命道路，革命到底，不愧为满门忠烈的“红色家庭”。无论是在革命战争年代还是在社会主义建设和改革开放时期，杨匏安的家人及后代始终如一地秉承了他的革命气节和高尚品质，不计名利得失，积极为党和国家的事业而工作，从不以英烈家属自居，更没有以此向组织提出任何不当要求，为干部群众树立了榜样。

“父亲对于我，是一笔巨大的精神财富”。2020 年一位学者拜访杨匏安唯一在世的儿子 92 岁的杨文伟时，杨老满头银发、面容清癯、精神矍铄，回忆起父亲，神情悲伤。“那时太小了！父亲就义是在 1931 年，我只有 3 岁，在父亲身边生活也只有两年时间。”但杨文伟坚定地说，父亲影响了他和全家所有成员的一生。

杨文伟是杨匏安的四子，1928 年出生，在他出生前，杨匏安已有三个儿子和两个女儿。在白色恐怖最严重的上海，几乎每天都有共产党员、革命人士被捕或被杀，杨匏安一家就是在这样的环境下心甘情愿地为党的革命事业工作，将生死置之度外。“我们家有 6 个孩子，祖母、庶祖母也跟我们一起生活，全家共有 10 口人。那时生活很苦，几乎没有收入。父亲长期患有肺病，母亲身体也不好。为了弥补家用，父亲夜晚除了加紧写作和翻译外，还帮助家人推磨碾粉做糕点，让祖母及哥哥们第二天一早上街去卖”。杨文伟表示，这些记忆都是来自祖母和哥哥的口述，“那时我们一家都心甘情愿过这样的日子，父亲也从没向党伸手要求照顾”。

1932 年 1 月 28 日，上海发生了日本侵略军进攻闸北的“一·二八”事变。杨家住处上海四川北路正是激战区，战斗非常激烈。因为战乱，杨匏安的家人又与组织失去了联系，孤儿寡母一家只好离开上海。他们和众多难民挤过苏州河上的大桥，历经艰辛，又辗转回到了广州。失去杨匏安的家庭更是面临极端困境。“曾有部电影叫《革命家庭》，表现的是共产党员欧阳立安一家的革命事迹。与这部电影相比，我们家其实更有故事，也更让人辛酸。”杨文伟回忆起往事，平缓的声音中透露着伤感。

回到广州后的杨家，因生计问题，全家被迫分散到广州、珠海、香港、东莞等多处谋生，杨文伟的母亲、二姐相继去世，几个哥哥也天各一方。“二姐去世时我已有记忆，她得了白喉，家里无钱医治，只好眼睁睁看着她死去……直到二十世纪五十年代，我才陆续得到哥哥们的消息，四兄弟团圆是 1986 年的事。那是惟一的一次……”杨文伟回忆起相继去世的几个姐姐哥哥，感慨不已。

杨匏安的一生，都离不开母亲陈智的关爱、熏陶和支持。杨匏安从事的革命工作，是正义的事业，她倾力支持。即使革命遭遇挫折，也从不后悔、义无反顾，用陈智的话来讲，就是“我们全家都支持你”。杨匏安一家先后在广州和上海时，周恩来因与杨匏安的深厚情谊常去杨家，对陈智很敬佩，乐于听取老人家对一些事物的看法。杨匏安遇难后，陈智按照杨匏安牺牲前的嘱托，带着媳妇和孙子、孙女历经艰难回到广东，含辛茹苦将孙子们抚养成人。后找到党组织，将他们一个个送到了革命队伍中去。1941 年，陈智于贫病交加之中在香港去世。

杨匏安的堂叔杨章甫，1894 年出生。章甫从小与杨匏安一起读书，一起在珠海南屏恭都小学堂当教师，一起东渡日本留学。五四运动前后，接触到马克思主义。1920 年底，陈独秀来广东后，找到了在杨家祠的杨匏安和他的堂叔杨章甫。陈独秀进行的一些社会活动得到了杨氏叔侄的帮助。他到机关学校演讲，不会讲广州话，就由章甫翻译。中共广东党组织成立后，章甫参加了中国共产党，曾担任广东共青团区委机关报《青年周刊》的主编。中共广东党组织早期的革命活动，都留下了他的痕迹。中国共产党第三次全国代表大会在广州召开期间，杨章甫是大会筹备工作组人员，为大会租房子，为代表安排住处，安排会务事宜等。第一次国共合作时期，为党做了不少工作。他和杨匏安、杨殷三人并称为“革命三杨”。

杨匏安的妻子吴佩琪与杨匏安婚后生下四男两女（其中小女儿 3 岁时夭折）。她肩挑家庭生活重担，与婆婆陈智默默地支持杨匏安的革命工作，为党的秘密机关站岗放哨。杨匏安遇难后，她与家人回到广州，住在杨家祠，自己带着两儿女靠打工、做女招待维持生活，婆婆带着三子、四子回到珠海南屏北山村老家。吴佩琪在生活极端困难的情况下，只得将次子杨明、女儿杨绛辉送到孤儿院。1937 年 7 月，吴佩琪因患子宫癌孤苦地在广州离世，时年 39 岁。

庶母关秀英勤劳善良，杨匏安一家人很尊重她，也影响了她，使她从同情革命到支持革命，后来成为一位坚强的革命战士。1928 年至 1931 年，杨匏安在上海开展党的地

杨匏安母亲陈智和妻子吴佩琪（右）

下工作时，她经常为中央机关送信、放哨，到工厂去散发传单，以老母亲的身份掩护同志们的安全。杨匏安遇难后，一家人回到广州，她倾力帮助吴佩琪挑起家庭重担，后又到澳门、香港去寻找党的组织。1938 年，她在香港找到党组织后，与老红军王裕寿等组成一个“家庭”，掩护地下党组织的电台开展工作。在香港，她一直在中共中央调查部的领导下从事地下工作，直至新中国诞生。她从不考虑自己的名利地位，也不计较自己的待遇。王裕寿在 1964 年关秀英追悼会上说：“她心目中只有三个目标，打倒祸国殃民的国民党，打倒侵略中国的日本帝国主义，劳苦人民要翻身当家作主。”1953 年，关秀英因病到北京定居，1964 年逝世，享年 83 岁，骨灰被安放在八宝山革命公墓。

康若愚与杨匏安坚实的革命友谊和兄妹情谊伴随终身。杨匏安牺牲后，她一直与杨母及杨匏安子女保持密切关系，深受杨家人喜爱，杨匏安的孩子们也一直称康若愚为康姑姑。

杨匏安长子杨文达，字宗玄。1917 年出生于澳门，1918 年随家人到广州生活，1928 年跟随父亲到上海。杨文达从小得到父亲的严格教导。父亲遇难后，他随全家人回到广州，先去东莞、香港打工，后考入国民党中央政治学校学习。抗日战争时期参加骑兵队奔赴抗战前线，授中校军衔。1942 年他在重庆见到周恩来与中共党组织取得联系，被派到与国民党军队有联系的“朝鲜义勇军”工作，曾为解放区运送大批军需物资。新中国成立前夕根据周恩来的指示，随国民党军队到了台湾。1966 年由于身份有暴露的危险，被迫离开台湾到香港谋生。1978 年才与内地几位兄弟取得联系，1986 年，兄弟四人离散多年后终于在珠海重逢。1994 年 7 月，杨文达因患心脏病在香港逝世，享年 78 岁。

杨匏安次子杨明，字宗锐，1920 年出生于广州，1928 年之后随全家到上海。父亲在上海遇难后，1932 年随家人又回到广州。由于生活极端困难，他和妹妹被送进孤儿院。周恩来打听到他们的下落后写信给廖承志，委托何香凝把他们兄妹接出来，送杨明到仲恺农工学校读书。1936 年他与于光远（著名经济学家）、黄秋耘（作家）、力一（核物理科学家）等组织中华民族抗日先锋队广东分队，被国民党通缉逃往海南岛。1937 年 4 月在中共海南特委（琼崖纵队）领导下，在海口电报局做地下工作并加入中国共产党。1938 年 4 月，杨明自海南赴延安经过武汉，与周恩来在武汉八路军办事处相见，受到周恩来的热情接待。周恩来详细询问了杨匏安牺牲后一家人的状况，谈及组织上和他本人曾多方寻找他们全家。大革命时期，周恩来与杨匏安同在广东区委工作，两人既是战友又是挚友。周恩来去杨家与杨匏安或叙谈或商议工作，杨明常见到周恩来叔叔。他回忆道：国共合作时期，“周恩来、邓中夏，张太雷，苏兆征、澎湃、刘尔崧、杨殷都常来我们家。周恩来曾送给父亲一个铜制的墨盒，盒盖上刻着一幅西洋风景画，并刻上‘匏安兄文玩　周恩来志’。胡荫也送过一个墨盒，上面刻着‘匏安同志惠存　努力革命　胡荫敬赠’。这两件文物给我们印象特深，因为这是我们小时候常用的文具，整天带着。我们曾珍藏许多年，但在抗战时丢失了，是很可惜”。

杨明和周恩来在武汉八路军办事处相见长谈，周恩来详尽告诉杨明，那一次胡章原告密，罗绮园叛变，祸及他父亲入狱的经过。周恩来说：“罗绮园叛变了，你父亲保全了气节，蒋介石给他连写两封劝降信，被他撕碎了；蒋又亲自打电话到狱中劝他投降，他把话筒摔了。”“党组织当时做了准备，拟在反动军警将你父亲押解南京或苏州时武装劫持囚车，但蒋介石却下达了在上海龙华就地处决的命令。”

周恩来见到了挚友杨匏安的儿子，自是喜出望外。他勉励杨明要继承父志，革命到底。期望杨明到延安以后抓紧时间学习，为党做更多的工作。周恩来又请钱之光同志安排杨明赴延安的具体事宜。随后，周恩来给杨明的祖母寄了信和安家费，并请在香港的廖承志负责安排其一家的工作和生活。

杨明1938年到达延安后，经常与周恩来、邓颖超通信，也常到杨家岭去看望他们的“周叔叔”和“邓妈妈”。周恩来、邓颖超十分关爱杨明。下面是杨明保存下来的几封信。

宗锐同志：

你寄的信及转寄港数函均收到。寄港信件当代不误。你的家已嘱廖承志同志料顾，缓急有助不须挂虑。你的弟妹倘欲来此间，你也可迳找廖同志商洽，定能代他们设法成行。此复并致敬礼！

周恩来 1939. 8. 23

这是周恩来给杨明的信，信中谈及接杨明的弟、妹来延安的事。

1941年5月6日，杨明在延安马列学院毕业之际，周恩来写信给他并附上10元钱以关心他的生活。

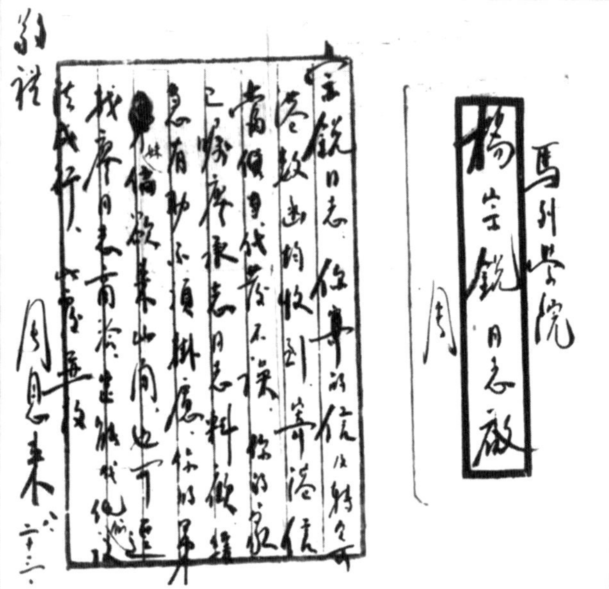

1939 年周恩来给杨匏安之子杨宗锐的信

宗锐同志：

你毕业后应听党分配工作。最好能多学习一时期，你可向党提出请求。

附上十元，作为你零用费。医治问题，我已函告张启龙同志。

周恩来　1941.5.6

1941年8月12日邓颖超给杨明写信，鼓励杨明学习，并捎来亲人的佳音。

杨明同志：

你给我们的信早阅，因忙未即复。你在党的教育下，努力求进步，我们甚为欣慰。你的大哥我们已见过，他很好，亦在设法学习。现将你姑姐给你的一包东西送去给你，望查收给条为盼，此复，祝进步

邓颖超　1941.8.12

1944年新年前夕，邓颖超给杨明的信，虽寥寥数语，但足见关爱之心。当时杨明在中央印刷厂任秘书，那时延安的纸张非常紧张，杨明就将装订时裁剪下来的纸边送给“邓妈妈”用。

杨明同志：

来信及纸条已收到，谢谢你！新年在即，希望你偕弟弟来我们这谈谈玩玩，至盼至盼！祝你新年快乐！

邓颖超　1944. 12. 29

杨明先后就读于延安抗大和马列学院，两年后毕业。当时胡乔木正在为毛泽东主席物色秘书，曾对杨明进行过考察，后杨明到党中央机关印刷厂工作。后来组织上又送杨明到军委三局通讯工程学校学习无线电机电工程，1946 年在党中央电台工作，为保卫延安和保障党中央指挥系统畅通，夺取解放战争胜利立过功。新中国成立后，杨明先是在邮政部、解放军通讯部门工作，1957 年参与航天部第二研究院组建，曾任第二研究院十一厂副厂长、工艺研究所所长、计量站站长等职。1960 年，杨明担任航天部 8109 工程副指挥，就工程设备问题赴苏联谈判，为我国的航天事业作出贡献。1983 年离休，1998 年在北京逝世，享年 78 岁。

杨匏安长女杨绛辉，1923 年出生于广州。父亲遇难后，1932 年从上海回到广州，在生活极端困难的情况下，母亲把她送到孤儿院。后来，党组织把她从孤儿院接出来送到香港中华书局当工人。1938年她与祖母陈智、庶祖母关秀英及中国工农红军出身的王裕寿同志组成一个“家庭”，掩护党在香港的地下电台工作。1939年她与王裕寿正式结婚。1941年日军侵占香港，全家随电台迁到澳门。1943年在澳门病逝。

杨匏安三子杨志，字宗政，1925年9月出生于广州。父亲遇难后，1932年随家人从上海回到广州。当时生活异常困难，祖母带着他和年仅3岁的弟弟杨文伟回到家乡北山村谋生，1937年又带他到香港当童工。1939年，周恩来知道后，委托廖承志找到杨志，并由毛泽东的好友朱伯琛安排送往延安，交给帅孟奇，安排在自然学院里学习。杨志毕业后参军上前线，在解放战争中参加过东北四平保卫战，当过武工队队长和熊岳县县长。新中国成立后，先到北京农业大学学习，后到海南和云南发展种植橡胶，在云南省林学院担任系主任、副院长。“文化大革命”期间被打成“反革命”“国际大特务廖承志的特务”。1978年平反后调回广东，任广东省林业厅副厅长。1989年10月17日在广州去世，享年64岁。

杨匏安最小的儿子杨文伟，字宗威，1928年出生于广东珠海原香山翠微村。父亲遇难后，1932年随家人从上海回到广州住在杨家祠。面对生活困境，母亲吴佩琪打算把他卖了，他哭喊着不肯，才没卖掉。母亲去世后，祖母带他和杨志兄弟俩回家乡南屏北山村，婆孙相依为命。几年后，在党组织的安排下，杨文伟进了设在九龙的香港难童收养所，并在香港侨光小学就读。他的大姐和姐夫当时也在香港办地下电台，他跟着姐夫王裕寿学无线电技术。

1941 年底香港沦陷，次年，杨文伟跟着地下电台撤到澳门，地下电台与中共党组织失去了联络。1942 年，杨文伟到云浮县依附堂叔杨青山。1943 年，堂叔杨青山被裁员生活不景气，他只好又回北山。也是这年，年仅 20 岁的大姐得了重病，最后因无钱医治去世。其后，姐夫负责的地下电台与党组织恢复联络。杨文伟到澳门找到姐夫王裕寿共同生活工作。1945 年 3 月，党组织负责人朱伯琛把他送到广东抗日游击队东江纵队，被安排在司令部电台工作。1946 年他随东纵司令部北撤至山东烟台，之后又被调到中央军委华东社会部调查研究室，为华东战场历次战役提供军事情报。1949 年秋随军南下到南京，在华东军政大学学习。1950 年调往福建前线。1984 年在福州军区三局离休，同夫人郑梅馨居住在广东珠海。

杨文伟是无线电技术精湛的部队专业干部，长期以来，秉承父亲杨匏安革命精神，工作出色、淡泊名利、默默奉献，遇到授军衔、评功授奖的时候，总是让给别的同

杨匏安之子合影（从左至右：杨文伟、杨文达、杨宗锐、杨志）

志，离休时还是团级干部。夫人郑梅馨，1950 年参军入伍，在福州军区总医院医务部工作。

杨文伟和郑梅馨离休、退休后，克服各种困难，热忱追寻父亲的革命足迹。长期以来对推动研究、宣传杨匏安的革命业绩，做了许多令人赞叹的工作，为弘扬烈士精神，传承红色文化基因，作出了表率。他们夫妇都是珠海杨匏安研究会的顾问，为研究会工作积极奔走、竭尽全力，深受大家爱戴。2023 年 4 月郑梅馨于珠海去世，享年 91 岁。

杨匏安的家庭可以说是满门忠烈。他的母亲、妻子在极为艰苦的环境中始终支持他的革命事业，继承其志继续革命。他的儿女们无论是在秘密战线还是在人民军队之中，都无愧于烈士的英名，在各自的工作岗位上都为新中国的成立和建设作出了应有的贡献。

第二节　清廉家风　代代相传

杨匏安在投身革命直至为党和人民献出宝贵生命的光辉岁月里，其人格魅力、无私无畏的英雄气概、贫贱不移的高尚品格、“公忠不忘”的革命精神，在他的家人中得以传承和发扬。杨匏安平时严格要求家人，注重子女品格教养，形成了良好的家风。杨文伟说：“自古有‘子承父业’的说法，父亲35岁就牺牲了，但他教给我们的东西很多，‘再穷，也要公私分明，决不以公谋私。’这是我们的家训，也是父亲留给我们宝贵的精神财富。”这里仅举几例。

杨家祠身教：杨匏安一家在广州的住所杨家祠，是中共广东党组织成立前后的活动地点，也是广东革命的一个联络点和指挥所，党的许多会议都是在这里召开的。杨匏安和堂叔杨章甫在此以举办注音识字班为掩护，进行革命活动。全家人不辞劳苦、不顾危难为革命做过许多工作。据杨匏安的二儿子杨明回忆：从我记事起，那里就是一个既神秘又热闹的地方。白天人来人往，晚上“注音字母训练班”开始上课。听课的人很多，每天大约有三四十人。这是一所推广普通话的新型学校，是陈独秀任广东省教育委员会委员长时建立的。意在振兴和改革广东教育事业。听课的学生中不少是进步青年和工人，他们在革命洪流中大部分参加了党团组织，成为革命骨干。讲课的是父亲杨匏安和其族叔杨章甫，还有谭平山、谭植棠等。他们把祠堂当课堂，授课、教唱革命歌曲十分热闹。记得瞿秋白就曾在这里教唱《国际歌》。那时我们年纪很小，也跟着学会了唱《国际歌》。我稍大一些便懂得，来我家的人都是和父亲一起商量大事的……周恩来叔叔更是杨家的常客。

他和父亲都在中共广东区执行委员会工作，在第一次国共合作时期又都以共产党员的身份参加国民党，并在国民党中央担任重要职务。他们经常一起磋商、研究工作，闲暇时也讨论古今中外有兴趣的问题。

拒绝做官：杨匏安在广州工作时期，任职于时敏中学，由于教师薪俸无法保证，家庭贫困，母亲和妻子靠缝纫、做手工活、卖糍粑来维持生活来源，他经常要在教学之余昼夜写稿帮补家用。当时，广东省警察厅秘书陈恭受（新中国成立后被处决）十分欣赏杨匏安的才干，对他很是器重，曾以金钱、官职作引诱，欲将杨收为亲信，为其效劳，许多人对此趋之若鹜。杨匏安不愿与陈恭受同流合污，坚辞不就。陈恭受恼羞成怒，利用职权报复，以取缔报馆相威胁，不准刊登寒灰（杨匏安笔名）的文章，杨匏安始终不为所动。

薪金作党费：1923 年，杨匏安受中共中央委派参加国民党的改组，此后三年间在国民党中央当过第二届中央委员、中央执行委员会常务委员、中央组织部秘书和代部长等职务。他身为国民党“高官”，没有借机敛薪聚财，而是以此身份大力发展党的组织、开展工农运动。当时，他一个月的薪金有 300 多块大洋，足以买田置地，但他把绝大部分钱都交给中国共产党作活动经费，只留下极少的一部分作为家用。因此，他家里的日子也一直过得很清贫，家人必须去做工才能勉强度日。

送回两毛银币：杨匏安曾经在国共合作时期担任过高级职务，但他始终做到一尘不染。“父亲当时身居要职，在共产党和国民党内都有很高的地位，因此免不了有些人找上门来要求介绍工作，安排职务。对这些问题，父亲总是秉公处理，丝毫不讲私情。他常说：做人要脚踏实地，光明磊落。告诫我们不要贪小便宜做不干不净的事情。有一年中秋节，有人送来几盒月饼，没有留下姓名住址就走了。父亲回来看到后十分生气，一定要家人探清来处，把月饼退回去”。一次，省港罢工委员会在杨家祠发放一笔捐款，草袋里遗下一枚两毛钱的银币，孩子们捡来玩耍。杨匏安发现后马上严肃地教育孩子们：“这是公家的钱，一分一文都不能要。”接着，他让孩子们马上把钱送回罢工委员会。他的亲密战友周恩来不止一次对他的孩子说：“你父亲为官清廉，一丝不苟，称得上是模范！”

临终遗训：杨匏安一生清廉，家里没有什么值钱的家当，一台破旧的缝纫机是全家养家糊口的重要生产工具。1931 年 7 月，杨匏安最后一次被捕。在狱中，杨匏安面对国民党高官厚禄的引诱毫不动摇，宁死不屈。此时他也惦念家中生活，从狱中设法传出纸条叮嘱：“玄儿不可顽皮”，“缝纫机虽穷不可卖”。杨匏安在遗言中还告诫家人，千万不能接受国民党要人送的钱物，要依靠缝纫机自谋生路，不要给组织增添负担。

“廉者，政之本也，民之惠也；贪者，政之腐也，民之贼也”。杨匏安身居高位时两袖清风，富贵不淫；身处逆境时，公忠不忘，贫贱不移，无不潜移默化地影响着身边的人，为后世留下一座永久的精神丰碑。

附录一

杨匏安生平大事年表

1896 年 11 月 6 日

出生于广东省香山县南屏乡北山村。

1899 年 3 岁

跟从母亲学习古诗词。

1903 年 7 岁

入读本村私塾。

1906 年 10 岁

入读恭都公立小学堂。

1910 年 14 岁

小学毕业，考入广东高等学堂附中。

1911 年 15 岁

在广东高等学堂附中学习期间父亲病逝。

1914 年 18 岁

年初从广东高等学堂附中毕业，在家乡恭都小学堂任教；年末因揭发校长贪污，被诬陷入狱。

1915 年 19 岁

赴日本横滨艰苦攻读，结识潘雪箴一家。

1916 年 20 岁

年底从日本返回国内，与吴佩琪完婚。

1917 年 21 岁

年初到澳门当家庭教师，在《东方杂志》发表《原梦》。

1918 年 22 岁

年初全家迁往广州，在时敏中学担任教务主任兼一个班的国文教学，并兼职《广东中华新报》。

1919 年 23 岁

在广州投身新文化运动，相继发表《青年心理学》《美学拾零》等文章，年末发表《马克思主义（一称科学的社会主义）》一文，系统传播马克思主义学说。

1921 年 25 岁

加入中国共产党，为广东最早的党员之一，积极投身于青年运动和工人运动。

1922 年 26 岁

3 月发表《〈青年周刊〉宣言》《马克思主义浅说》，后代理社会主义青年团广东区委书记。

1923 年 27 岁

重建广东社会主义青年团地委，担任团地委候补委员；参与广州国民党的改组，担任国民党广州第十区执行委员兼秘书。

1924 年 28 岁

国民党一大后担任国民党中央组织部秘书。

1925 年 29 岁

中共广东区委监察委员会成立，担任区监委委员、副书记，同时担任中共驻国民党中央党部党团副书记；参与发动省港大罢工，并担任中共党团成员，省港罢工委员会顾问；筹备国民党广东省第一次代表大会，当选为省执委会委员、常委兼组织部部长。

1926 年 30 岁

出席国民党第二次全国代表大会，当选国民党第二届中央执行委员、常务委员，中央党部秘书处秘书、中组部秘书，代理部长。

1927 年 31 岁

在武汉出席中国共产党第五次全国代表大会，当选中央监察委员会委员并任副主席；参加中共中央紧急会议（即八七会议）；同年 11 月举行的中共中央政治局扩大会议决定撤销其监察委员职务并给予留党察看处分。

1928 年 32 岁

在上海从事党的地下工作，发表《所谓第三党》。

1929 年 33 岁

编译出版《西洋史要》。

1930 年 34 岁

任中共中央农民部副部长，编译出版《地租论》。

1931 年 35 岁

因叛徒出卖被捕，英勇就义。

附录二

学习、纪念、研究杨匏安情况综述

杨匏安从好学上进的英才少年，到博学多识宣传马列的先驱，从学贯中西的理论家，到视死如归的革命者，用信仰和忠诚谱写了为共产主义事业奋斗的壮丽篇章。这位永远定格于35岁的人民英烈，90多年来，一直被人们感怀、学习和纪念。

1944年4月，由中共中央组织部编印的《死难烈士英名录》，杨匏安名列其中。与杨匏安登记在同一页的革命烈士有杨殷、恽代英、邓中夏、林育南、何孟雄等人。杨匏安的籍贯一栏是“广东香山”，职别一栏为“五届中委”，出生一栏是“留学生”，党龄一栏是“大革命前”，牺牲地点时间一栏是“1931年上海”。

1956年，珠海县人民政府授予杨匏安“革命烈士”称号。

1959年，作家、诗人萧三编选《革命烈士诗抄》时，杨匏安的《狱中诗》被选其中，由中国青年出版社出版，杨匏安的英名以及他的崇高气节开始在读者中传诵。

1962年，中山大学李坚教授拉开了学界研究杨匏安的序幕。他从1918年、1919年的《广东中华新报》中发现，在这两年多的时间里，杨匏安发表了大量介绍西方各种思想流派的连载长文，其中包括对马克思主义的系统介绍，另有诗歌小说类文学作品等。由此，李坚开启了对杨匏安的全面研究考证。

1964 年，李坚撰写了《1919 年马克思主义在广东的传播》。1978 年，他将此文修改后提交到广东省史学会讨论，引起与会同志的关注。

李坚将杨匏安发表在《广东中华新报》的《世界学说》栏目的部分专题文章，刊登于广东省委党校内部刊物《党史教研资料》1980 年第 12 期、第 13 期，同时刊登李坚《匏厂即杨匏安烈士考》。由此推动了中共党史界、史学界诸多人士的关注与研究。

1980 年冬，李坚开始撰写《杨匏安烈士传略》，邀请曾庆榴参与该文的修改与定稿，并以两人名义在《党史教研资料》第 23 期（1981 年 2 月 25 日出版）上发表。这是全国范围内首次对杨匏安烈士生平事迹比较完整的述评。

1986 年，李坚主编的《杨匏安文集》（第一版 20 余万字）由广东人民出版社出版。由于杨匏安的一些文章第一次问世，反响很大。《人民日报》1986 年 6 月 28 日发布《〈中共党史人物传〉前三十卷出版》中指出：《中共党史人物传》的出版“为党史增添了大批史料，如《杨匏安》篇，首次提出杨匏安与李大钊差不多同时宣传马克思主义，是我国南方第一个宣传马克思主义的人。这一论断已为史家广泛接受”。

1987年3月23日《深圳特区报》发表李坚的《杨匏安——最早在广东传播马克思主义的人》一文时加了编者按，明确指出：“作者对杨匏安的历史地位与作用作了充分的评价，‘北李南杨’之说渐为史学界越来越多的人所承认。”《人民日报》1987年5月29日刊登了李坚的《传播马克思主义的先驱——杨匏安》。

吉林大学曹仲彬教授对杨匏安早期传播马克思主义的事迹进行了充分的论证，并与其研究生杜艳华共同在《中共党史研究》1990年第一期发表了《论杨匏安在早期传播马克思主义中的历史功绩》，之后经过修改补充，又以《论杨匏安在早期传播马克思主义中的先驱地位》在吉林《革命春秋》1990年第四期发表。

1996年10月23日，中共珠海市委举行纪念杨匏安诞辰100周年报告会，邀请时任广东省委党史研究室主任曾庆榴作杨匏安生平事迹报告。

此后，广州、北京、上海、云南、吉林等地的近现代史与中共党史的研究者，开始就杨匏安对马克思主义学说的介绍，杨匏安在五四新文化运动中的著述及其地位，建党初期杨匏安对中共理论建设的贡献及地位，以及杨匏安在大革命时期推动国共合作的业绩与贡献，杨匏安在广东青年运动与工人运动中的贡献及地位，杨匏安在马克思主义中国化方面的作为，等等，进行了多角度、多维度的研究与探讨，尤其是地处广州的中山大学、中共广东省委党校的一些专家学者对杨匏安的事迹及贡献进行了深入研究。

1996年10月，中央文献出版社再次出版了由李坚主编的《杨匏安文集》，这一版的字数达56万字，已是1986年第一版的3倍之多，还邀请时任中共中央党史研究室副主任龚育之撰写了《读〈杨匏安文集〉》作为代序。这本文集收录了当时发现的杨匏安的全部作品，包括诗歌、小说、散文、翻译小品文、时政评论，涉及的学科有政治、哲学、美学、心理学、历史、经济、文学等方面，涵盖了社会科学的多个领域。它是中华民族一份弥足珍贵的精神遗产，是研究中国现代思想史、革命史和党史的重要文献。《人民日报》1996年12月28日刊登了李坚的《中华民族珍贵的精神遗产——记新编〈杨匏安文集〉》。是年，尽管烈士尸骨无存，但上海龙华烈士陵园为杨匏安烈士建立了陵墓与诗碑亭，让烈士在九泉之下得以安息。

中国人民解放军总参谋部军史研究专家王晓建在《纵横》2000年第八期发表了《不该被遗忘的杨匏安》，表达了他对杨匏安的敬仰之情及对当时广州市民竟然不知杨是何人、也不知杨家祠在何处的感慨！时年近 90 岁的中国社会科学院原副院长于光远接连在《炎黄春秋》《同舟共进》发表文章，大力倡导对杨匏安事迹的研究与宣传，亲自南下广州与珠海，推动对杨匏安事迹的研究与宣传。

2001 年 6 月 25 日，为纪念中国共产党成立 80 周年，《人民日报》发表重要纪念文章《开天辟地》，刊登了九位中共著名革命领袖和人物的照片，他们依次排列为李大钊、陈独秀、杨匏安、毛泽东、李达、董必武、邓中夏、李汉俊、施存统。文章开篇写道："五四运动前后，一批优秀的知识分子接受了马克思主义，随着马克思主义在中国的传播，中国唯一的无产阶级政党——中国共产党诞生了。从此中国历史揭开了新篇章。"文章还专门提及"在广东，杨匏安发表了一系列推介马克思主义的文章，成为华南地区最早的马克思主义传播者"。

2002 年 9 月，中央党史研究室在修订 1991 年出版的《中国共产党历史》一书时，将杨匏安早期传播马克思主义的概况，写入了第一卷第二章"五四运动和中国共产党的诞生"之中。

2003 年 9 月，经珠海香洲区人民政府批准，北山村小学正式更名为"杨匏安纪念学校"。

广东珠海杨匏安纪念学校

2005年3月16日，中央电视台《新闻联播》在《永远的丰碑》栏目中，专题介绍《借次清霜坚傲骨的革命家杨匏安》。3月17日的《人民日报》《光明日报》分别以《我党早期优秀理论家杨匏安》《清霜坚傲骨——我党早期优秀理论家杨匏安》为题，刊登新华社北京3月16日电讯稿，共同赞誉杨匏安是我党早期优秀的理论家和革命家。

2006年“七一”前夕，珠海市隆重举行了纪念杨匏安烈士诞辰110周年研讨会，李坚、曹仲彬、曾庆榴、王晓建、陈善光、何石村、黄永康7位专家学者在研讨会上作了大会发言。

珠海杨匏安研究会不仅继续坚持李坚等前辈学者的研究方向，而且逐步向杨匏安如何在中华传统文化的熏陶中、在与广州的产业工人结合中锻炼成长为追求崇高、至善至美的学者型革命家的过程及大革命时期杨匏安如何依靠自己完美的人格、模范的工作团结国民党左派与中派，为改造国民党所作出的艰辛与努力等等方面深化。黄永康等学者接连在《上海革命史资料与研究》第8、9、11、13期及中共广东省委党史研究室编印的刊物《红广角》《广东党史资料》发表了多篇研究杨匏安的文章，在中宣部的《党建》杂志也发表了歌颂杨匏安的文章。

原在广东青运史办工作的华南理工大学教授陈善光撰写了《杨匏安传》，于2006年7月由珠海出版社出版。

2008年9月，由杨穆主编，黄永康、刘利亚、吴广平任副主编的《杨匏安研究文选》，由珠海出版社出版发行。《杨匏安研究文选》主要收录了2006年研讨会的论文，以及数篇2008年之前研究杨匏安的重要文章。

广东社会科学院原哲学所所长黄明同与其学生张俊尤共同撰写的《启蒙思想家·革命家杨匏安》作为《广东历史文化名人丛书》之一，于2008年10月由广东人民出版社出版。

2009年11月5日，在上海举行了纪念杨匏安诞辰113周年专题研讨座谈会。广东方面不仅有珠海市党史办、社科联、珠哲会、珠海杨研会的领导与专家参加，还有广东省社科联领导、广东社科院及中山大学历史系教授。上海方面不仅有复旦大学从事中共党史或近现代史研究的一批资深教授出席，还有上海市委党史研究室领导、上海中共一大会址纪念馆及上海龙华烈士纪念馆的领导及专家，与会者共计五十余人，提交文章二十余篇。复旦大学资深教授余子道的文章《研读〈文选〉学先烈——读〈杨匏安研究文选〉的几点想法》还在中共广东省委党史研究室主管、主办的《红广角》2010年第12期发表，珠海杨匏安研究会常务副会长黄永康的《杨匏安的历史功绩及其历史地位认定的艰难历程》在中共广东省委党史研究室编辑的《广东党史资料》第 47 辑（由广东人民出版社 2010 年 7 月出版）发表。

2011 年 6 月 28 日，在南屏北山的杨匏安陈列馆开馆。珠海电视台为向建党 90 周年献礼，组织力量编制了十集电视片《狂飚》，其中第二集是《伟人杨匏安》。

2016 年 11 月 27 日，“纪念杨匏安诞辰 120 周年学术研讨会”由珠海杨匏安研究会和珠海市社科联共同举办，国内各地研究杨匏安的专家学者、省内研究杨匏安的有关专家教授和珠海市有志于杨匏安研究的热心人士 50 余人，畅谈杨匏安研究的心得，共同交流最新研究成果。

2016 年至 2017 年，中共珠海市纪委联合珠海市香洲区、杨匏安家乡南屏北山村委会，在北山村建立了廉政教育基地——杨匏安纪念公园和杨匏安纪念广场。

2016 年，广东省纪委、珠海市纪委与广东省剧团联合创作的以杨匏安为原型的廉政话剧《信仰》的上演，让杨匏安从珠海走向全国，使杨匏安在党史上的地位得到较大提升。中央电视台第 10 频道的《国宝档案》栏目，专门制作了一期介绍杨匏安的专题，重点介绍杨匏安的生平和功绩。

广东珠海杨匏安陈列馆

2018年12月，完成升级改造后的珠海北山杨匏安陈列馆隆重对外开放。展览面积由96平方米扩大到1600多平方米。陈展面积、内容、方式及陈展效果均得到极大提升，全面丰富地展示了杨匏安的光辉业绩。

作为中共五大和八七会议召开地、首届中央监察委员会诞生地的湖北省武汉市，多年来对党的纪律建设历史开展了较为系统深入的研究，并依托独特的红色资源，为宣传弘扬以王荷波、杨匏安为代表的中共纪检监察先驱的革命精神作出了不懈努力。

2012年，湖北省纪委、武汉市纪委联合中央纪委中国方正出版社、八一电影制片厂拍摄了电影《忠诚与背叛》，讴歌了以王荷波、杨匏安为代表的纪检监察先驱忠于革命忠于党、视死如归的革命精神。2013年，武汉市纪委、武昌区委区政府建成了武昌廉政文化公园，为王荷波、杨匏安等十名首届中央监委委员树立铜像，供市民群众瞻仰凭吊。2014年，武汉市纪委组织拍摄历史文献纪录片《热血忠诚》，介绍中央监委诞生始末，在央视一套播出，反响强烈。2017年武汉市《长江日报》编写出版《用生命诠释忠诚——首届中央监委委员牺牲者寻访》。2018年《中国共产党监督执纪史话》出版，全面系统介绍党的监督执纪历史。2019年，展现中共五大在武汉召开、首届中央监

中国共产党纪律建设历史陈列馆（武汉）序厅铜像（左七为杨匏安）

委在武汉成立等党的纪律建设重大历史事件，历时三年多打造的中国共产党纪律建设历史陈列展，于 2019 年正式对外开放。以杨匏安为主人公的电影故事片《信仰无敌》2024 年在全国上映。

作为华南地区传播马克思主义的先驱、中共早期理论家之一、首届中共中央监察委员会副主席的杨匏安在中国共产党的历史上具有重要地位。他短暂而光辉的革命生涯，是一代共产党人为理想信念矢志不渝、公忠不忘奋斗的缩影。在中国共产党历史丰碑上，杨匏安的名字将永远被铭记。

图书在版编目（CIP）数据

信仰无敌杨匏安/《信仰无敌杨匏安》编写组编写 .—北京：中国方正出版社，2024.4

ISBN 978-7-5174-1261-8

Ⅰ.①信… Ⅱ.①信… Ⅲ.①杨匏安（1896-1931）—人物研究 Ⅳ.①K827=6

中国国家版本馆 CIP 数据核字（2023）第 204663 号

信仰无敌杨匏安

XINYANG WUDI YANGPAOAN

本书编写组 **编写**

责任编辑：安乐明 李兴格
责任印制：李惠君
责任校对：周志娟

出版发行：中国方正出版社
（北京市西城区广安门南街甲 2 号 邮编：100053）
发行部：（010）66560936 门市部：（010）66562733
编辑部：（010）59594610 出版部：（010）59594625
网址：www. lianzheng. com. cn
经　　销：新华书店
印　　刷：北京中科印刷有限公司

开　　本：880 毫米×1230 毫米 1/32
印　　张：9. 25
字　　数：157 千字
版　　次：2024 年 4 月第 1 版 2024 年 4 月北京第 1 次印刷

ISBN 978-7-5174-1261-8 定价：45. 00 元
